放下，其實沒什麼大不了！

雜念退散的煩惱清理術

Take easy !!

自我療癒の輕生活練習

專業心理諮商師 呂佳綺——著

親手打造你心中的桃花源

繼收納術之後，近來「雜物整理術」在日本掀起一股新的風潮，丟東西幾乎成了全民運動。而隨著中譯書籍的發行，這股熱潮也延燒到台灣，但令所有讀者為之瘋狂的不是整理、丟東西這件事本身，而是完成這件事後那令人欲罷不能的舒暢感受——由衷感到心被淨空了、坦然的喜悅，因為真正的凌亂之源，並非房中堆積如山的雜物，而是被你無限囤積的雜念。

然而，透過整理家中雜物來進行自我療癒，往往需要耗費大量的時間與精力，甚至必須持之以恆、透過他人的幫助才有可能完成，方法或許有效，卻無法即時緩解已然疲累不堪、迫切需要撫慰的身心。試想，當你上班累了一整天，更受了一肚子的氣，下了班還要和一屋子的髒亂作戰，你還會有整理的動力嗎？

事實上，看完了書卻遲遲沒有動手整理的人比比皆是，而積鬱在心的結果，也會導致負面意念的惡性循環，讓環境更亂、情緒更糟，反而可能讓自己因做不到更沮喪。

曾有位困惑無助的學生來向我諮詢未來的生涯規劃，言談間不經意地提及了家中的一團混亂。由於傳統的父母抱持著惜物、愛物的習慣，讓家裡永遠堆滿了大量的雜物，甚至佔據了一部分他的個人房間。這些東西無形中對他產生了壓迫，卻又因為父母的緣故無法自行決定如何處置。霸佔房間的雜物不僅顯示出他對生活的無奈，也反映了在父母威權之下，他缺乏自主的無力感。

從事心理諮商服務多年，我最大的心願，便是能夠為受困於心靈枷鎖的朋友們提供最即時的協助。令人懷念的聖嚴法師曾說過：「山不轉路轉，路不轉人轉，人不轉心轉。」縱使在現階段無法改變現狀，但轉換了想法與心情，也能豁然開朗，說不定就在境隨心轉之下，讓困頓的局勢有了峰迴路轉的可能。

如果你無法立即動手整理，就先將心靈空間想像成自己的居家空間吧！在你翻開本書的同時，我將應用整理的技巧，陪伴你一步步清理陳年的雜念。

首先，我們要找到造成你煩惱的罪魁禍首——「多慮」，還有它「活在過去與未來，而不是現在」的固定搗亂模式。接著，你可以按照這些步驟來進行清理：丟掉陳年雜念、去除負面意念、分類自身心念、擺脫過時觀念。當然你也可以根據自己的需求，挑選適合的篇章來進行閱讀。我在書中的每一篇文章裡，都會與你分享一個如何清理煩惱的小技巧，並且篇尾還附送「煩惱清理How to do?」，幫助你對症下藥。

不過，就算將雜念都清理完畢之後，你仍然需要好好的維持清淨，否則一不小心又會開始囤積煩惱垃圾。因此，在本書的最後，我將會傳授你如何用全新價值觀看待自己的終極清理「心方法」——喜歡自己，快樂常在！以後不必再依賴他人吐苦水，想擺脫煩惱，你自己就可以輕鬆做到。

快翻開書，讓我們一起迎接悠游自在、舒爽暢快的嶄新人生吧！

呂佳綺

Chapter 1 煩惱都是自己想出來的，也只有自己能清理

Chapter 2

不再囤積心靈垃圾，學會放手丟掉煩惱

Chapter 3

避免不好的意念滋生，你需要經常清潔去污

Chapter 4

心的感受最重要，意念分類就靠它來幫忙

Chapter 5

擺脫世俗價值觀，天天整理才能保有好心情

Chapter 6

練習收納美好記憶，維持乾淨清爽的心空間

「世間本無事，庸人自擾之。」
客觀存在的事物並無所謂好壞，
真正令人困擾的，其實是人們憑空捏造出來的想像。
既然是自己設下的圈套，
也唯有自己能夠找出解套的方法。

Chapter 1

煩惱都是自己想出來的，也只有自己能清理

你是容易自尋煩惱的人嗎？

1. 當一個人手頭不寬裕時，就可能趨於比較保守的消費心態。對你而言，這種狀況常常發生嗎？

A．從來沒有。
B．偶爾會發生。
C．我總是這樣。

2. 假設你正在為剛交往不久的情人準備生日禮物。原先買了皮夾，後來又換成圍巾，最後還是認為不妥，再改送成禮券。你常常會有這種不知買什麼才合適的心情嗎？

A．從來沒有。
B．偶爾會發生。
C．我總是這樣。

3. 當你和朋友起爭執時，他氣不過地對你大吼：「你實在太差勁了！」這句話深深地傷害了你，午夜夢迴時，常不斷思考著自己是否做人失敗。這種沮喪懊惱的心情，你常常出現嗎？

A．從來沒有。

B．偶爾會發生。
C．我總是這樣。

4. 當主管交辦工作卻解釋得語焉不詳，導致你不斷重做卻仍不如預期，結果延遲了原先的進度，甚至耽誤到你的工作成效。這種情況常常發生嗎？
A．從來沒有。
B．偶爾會發生。
C．我總是這樣。

5. 如果另一半對你說：「就同年紀的人來說，你已經算是保持得很不錯了！」你左思右想後，認為他其實是要告訴你：「親愛的，你已經老了！」你常常會心生諸如此類的想法嗎？
A．從來沒有。
B．偶爾會發生。
C．我總是這樣。

6. 某位許久不見的朋友突然打電話給你，表示過幾天想來拜訪你。掛掉電話當下，你腦海中浮現了這個念頭：「他應該是要來借錢的吧！」你常常這樣自行揣測別人的動機嗎？

A．從來沒有。
B．偶爾會發生。
C．我總是這樣。

7. 當你早上正要出門之際，卻瞥見自己的穿著不太對勁，馬上衝回房間換衣服，卻又發現自己怎麼換都不對，結果還因此遲到。這種情況常常發生嗎？

A．從來沒有。
B．偶爾會發生。
C．我總是這樣。

計分方式

選A得**5**分；選B得**3**分；選C得**1**分。

結果分析

得分超過25分：

你是個相當開朗的人呢！總是以輕鬆的態度面對別人無心的負面話語，就算在意也不會太久。你甚至還會幫他想個好理由，告訴其他為你打抱不平的人：「他肯定不是故意的啦！」

積極與自信是你給他人的印象，雖然你不一定非常樂觀，但對生活你始終抱持著正面的想法，因此即使情況不大順利還是能安然度過。若是你可以用開朗的心態去鼓勵身邊消極的朋友，幫助他人也會讓你獲得更多快樂的能量哦！

得分介於15～25分：

有一點危險哦！你時不時會冒出有點悲觀的想法，值得慶幸的是，當發現自己想太多，你會適可而止，讓自己轉換心境或轉移注意力。或許你的生活並不是那麼順利，但人生原本就是起起伏伏，不需過度在意。將眼光放在能讓你開心的事物上，你會發現，幸福快樂常相左右其實並不難！

得分低於15分：

要注意囉！當遇上問題，你總是立刻開始胡思亂想。馬上停止你腦袋裡亂轉的思緒，換件事情做吧！你可以聽聽音樂、看看電視或翻翻書，等腦袋放空之後再來解決目前棘手的麻煩。

若是溝通時發生誤會，先去搞清楚、問明白，一味悶著頭自己鑽牛角尖與無中生有只會讓小事也變大事。練習去看生活積極的一面，不要讓多慮浪費你解決難題的時間。當問題解決了、誤會解開了，你就會發現，事情真的沒你想得這麼嚴重！

You can make it!
Let it go and relax yourself.

何必想太多？99%的煩惱都源於多慮

你最近有煩惱嗎？你最常煩惱的問題又是什麼呢？

「萬物飆漲，唯股票喊跌，我的股票都不知道卡在套房裡幾年了！」

「景氣這麼差，生意怎麼還做得下去？」

「我老公有外遇，他居然說要跟我離婚！我該怎麼做才能挽救婚姻？」

「孩子成績差強人意，又不愛讀書，我該怎麼做，才能讓他乖乖念書？」

「最近有聽到風聲，公司又要裁員了，我好擔心這一次名單裡會出現我的名字！」

「……。」

對我們而言，「無憂無慮」的境界似乎非常遙遠。我們總直覺地認為，外在紛亂的一切就是煩惱的原因，但是，事實似乎並非如此。

沒事自尋煩惱，浪費大好時光

曾經有位心理學家進行過一個很有趣的實驗：

他要求一群受試者在某月第一週的星期日，把擔心未來七天會發生的事情都寫下來，然後投入一個巨大的煩惱箱中。到了第三週的星期日，他與這些受試者逐一核對每項煩惱是否如實出現，結果發現，其中90%的擔憂並沒有真正發生。

接著，他又要求大家把已經發生的10%的煩惱重新丟入紙箱中，等待三週後，再來尋求解決之道。但到了開箱的那天，大家發現剩下10%的煩惱不再是問題了，因為他們已有足夠的能力來應付。

這個實驗驗證了，事實上，我們的煩惱大多是杞人憂天。

根據進一步的分析，在大多數人憂慮的事情中，有40%屬於過去，有50%屬於未來；更有92%擔心的事根本從未發生，剩下的8%則是自己能夠輕鬆解決的。可見得，煩惱並不可怕，真正可怕的是我們常常深陷於煩惱中而不自知，把輕鬆愜意度日的美好時光浪費在那些根本不會發生的事情上。這不禁讓我想起一個故事：

有個商人在僻靜的郊野中摸黑行駛。沒想到，行經半途，車子竟然意外地爆胎了。雖然車上有備胎，但卻沒有可供換胎的千斤頂。正坐困愁城之際，他看到不遠處有間農舍還亮著燈，於是就朝著農舍走過去。

途中，他越來越擔心，開始胡思亂想：房子裡會不會沒人？即使有人，他會不會沒有千斤頂？就算有，對方還不一定願意借給我！在憂慮作祟的壓力下，他越想越焦躁、越想越生氣，最後，當他到達農舍並在門外表明來意後，看見農舍的主人面露猶疑邊打開門的神情，商人就不分青紅皂白地一拳揮向農舍主人的臉，還邊吼著：「混帳，我才不稀罕你的東西！」

那位自尋煩惱的商人不只沒有解決自己的窘境，還莫名其妙地得罪別人。或許你會覺得他很可笑，但他不過是放大了我們平時庸人自擾的情況而已。我相信，你一定也曾在事過境遷後才發現，自己之前真的是想太多了。

其實，如果是自己當前可以解決的問題，就應該身體力行；如果是現下不能處理的問題，再怎麼擔憂也是浪費心力。

既然你絕大部分的擔憂從未帶來實質、正面的解決之道，那麼就要小心，這種自尋煩惱的性格，只會讓自己常常深陷於焦慮的情緒中，而錯失更多可以爭取的良機；如果一個人常常沉浸在過去的失敗經驗中，只會使他的現在與未來更沒有變得幸福的可能。

請你認真地看待自己的「煩惱」，到底是其來有自？還是心病作祟？才不會因此讓它成為阻礙你成長的絆腳石。

雖然預期心理的投射，會讓我們感到生活中充滿著大大小小的缺憾，但如果能善將每一分悔悟，化為進步的動力，並將負面情緒隨著每一分努力逐步代謝，看似缺憾的人生，也會因充實而趨於圓滿。

過濾胡思亂想，導入正面能量

約翰總覺得自己疑似罹患癌症，於是跑到大醫院看診，希望可以獲得進一步的診斷與治療。

醫生問他：「你有沒有哪裡不舒服？」

約翰回答：「好像沒有特別不舒服。」

醫生再問：「那有什麼地方覺得痛嗎？」

約翰回答：「我也覺得還好。」

醫生再問：「那你最近有沒有體重減輕的狀況？」

約翰再回答：「沒有，我的體重很正常。」

「那你怎麼會覺得自己得了癌症？」醫生忍不住這麼問他。

「書上說癌症初期沒有任何症狀，我就是這樣啊！」約翰滿臉憂慮地說。

或許你也會和看診的醫生同樣感到啼笑皆非，但一個人跌入胡思亂想的深淵時，旁人就會有這種感受。例如：明明恩愛的夫妻，太太總卻是抱怨先生：「你對別人都比對我還要好」；或是身陷愛河中的男女，卻老是去想情人有天會不會移情別戀？

若我們常常擔心事情會朝不順利的方向發展，那麼事情的走向往往如此，但這並不是因為我們的未卜先知，而是在應該採取預防措施時，我們卻把大部分的時間花在憂心忡忡，替對方掛上莫須有的罪名，或是待人處事因此而變得尖銳。

若是在事情根本尚未發生變化前，你的心念就已經變質，最後當然難以走向美好的結局。

相反地，面對心中的困惑，如果你都積極應對了卻還是不如預期，那麼更不須怨天尤人，因為一時的挫折，並不能決定最終的成敗。

學步中的孩子，如果未曾跌倒過，就不懂得如何用自己的雙腳重新站起來。當我們年紀漸長，也會發現，自己的成長大多是建立在那些失敗的體悟中，就算眼前可能有些難關一時跨不過去，只要看到了自己的不足，為了跨越，就會懂得學習。一時的困頓反而成為人生的助力，你又何必擔心自己做不到？做得不夠好？

當然，人皆有情緒，不是每個人在擔憂的當下，都可以輕鬆以對。要是你仍然感到焦慮不安，你可以試試心理學家凱倫·瑞維琪和安德魯·夏提在《挫折復原力》一書中提供的方法：

如何停止無限上綱的煩惱？

* 列出你正遭遇的不順，以及所有可能發生的最糟情況。
* 從你自己的角度，評估每一種狀況發生的可能性。
* 想一想可能發生的最佳狀況，即便非常誇張、超脫現實也無妨，想到你感覺自己恢復信心為止。
* 從你剛剛列出的所有最好與最壞的狀況中，挑出可能性最高的情形。
* 事不宜遲，現在就開始針對這個狀況思考解決方案，並且馬上去執行吧！

與其讓消極的思想繼續滲透你的心靈，甚至影響了日常生活，不如專注在自己能做好的事情上。

當你阻斷了那99%的「多慮」造成的心理負擔來源，你會發現，其實，很多事根本沒什麼好煩的。

請把空出來的心思、時間，用在發現生命中更多美好的事物上，不論是一杯香醇的咖啡、一通互相關心的電話，都能讓你能量滿分。當人生被導入正向的循環，那些糾纏著你的情緒廢棄物，就通通清光光！

How to do?
與其讓消極思想繼續滲透心靈，不如專注在自己能做好的事情上。

突擊檢查：你常挖洞給自己跳嗎？

Let it go and relax yourself.

現實裡過多的煩惱，是不是也常常讓你不禁眉頭深鎖、鬱鬱寡歡？

當憂慮充斥在我們的生活中，不僅自己深感困擾，也會因為負面能量的邊際效應，而影響到身邊的人、環境。如果你不懂得替這些煩憂找尋出口，或是遏止來源，這些無形的陰影只會越加擴大，讓你更喘不過氣。

若能懂得適時「自我覺察」，它就能成為你掙脫作繭自縛的解鎖關鍵。因為一個懂得自我覺察的人，便懂得去尋找憂慮的原因，也會了解，每個人都應該對自己的生命負起完全的責任！就算際遇使然、環境如此，為何別人過得了這關，自己卻是坐困愁城？

當你把解決的矛頭首先指向內心，才能循著情緒線索，找到問題的根源，並徹底地拔除那些引發你不愉快、不順利的心念雜草。就算你下次仍可能會為了同樣的問題擔心，但是已經懂得「自我覺察」的你，會比上次更快地擊倒心中那個老是唱衰你的小惡魔。

覺察煩惱徵兆，避免掉入負面思維的陷阱

艾蜜莉和潔西卡在公司中同樣擔任業務助理的工作，因為工作性質相近，所以常常互吐苦水、互相打氣鼓勵。

這天，艾蜜莉看到眉頭緊鎖的潔西卡不時嘆氣，就上前詢問：「你怎麼了？整天愁眉苦臉的，好像別人欠你幾百萬！我都不太敢和你說話了。」

「沒什麼啦！你不用在意。」潔西卡這時才意會到自己的苦瓜臉原來人盡皆知，她牽強地笑著說：「我沒事啦！你不用放在心上。」

其實潔西卡心裡充滿著許多不言說的埋怨：我明明是傑克的助理，但大家卻把我當成公司的茶水小妹，什麼雜事都叫我做，真是太不公平了！一定是因為我不太會八卦，也不幽默，所以沒辦法成為主管面前的紅人，大家就只會欺負我！

你也曾經出現像潔西卡這種念頭嗎？你有沒有注意過，為什麼自己會這麼想呢？

其實，會讓我們心生不滿的，經常都是生活中某些微不足道的小事，說出來又怕人恥笑，只好放在心裡獨自生悶氣。但事過境遷後，你會發現這類的小事，其實不值得你投注過多的心思。雖然心思細膩並沒有不對，顧慮他人的想法也沒有不好，但若因此常常影響自己的情緒，就毫無助益了。

一旦你跳進自己挖的洞——「我太吃虧了」，只會從中找到更多刺痛你的地方，導致你看誰都不順眼，好像大家都對不起你。當你負氣在心，有口難開，笑容就越來越少，朋友、同儕因此漸漸遠離，這樣就能解決你心中的問題嗎？跳進自己的情緒地獄，只會讓你變得更像刺蝟，即使他人對你的付出給予真誠的感謝，深陷在情緒漩渦中的你也無法坦然接受。

就算別人真的是在利用你，又何妨呢？幫助他人時，自己肯定也能從中獲益。這樣的收穫即使不是實質的感謝，也會成為大家都需要你的鐵證，更會是你表現自己的最好機會。由此看來，你得到的回饋其實還遠大過你為他人所做的付出，不是嗎？

煩惱就像是一把搖椅，一旦你坐上去，它便會一直搖呀搖地停不下來；倘若你跳下搖椅，它則會慢慢靜止。生活本已充滿許許多多的挑戰，你應該把心思花在對自己有實質幫助的計畫、領域上，最終，你一定會看見自己的轉變與成長。

思考聚焦，就不會旁生枝節

西方諺語云：「對待同一件事，想開了是天堂，想不開就是地獄。」

面對失意，「想不開」是許多人共通的反應，有時想得太多，讓簡單的事都變得複雜。生活中就常常出現這種例子：經過數年的愛情長跑，一對戀人終於步入了婚姻殿堂。然而，兩家人卻因為婚禮中諸多的細節談不攏而起爭執：男方覺得女方太自私，女方也覺得男方太固執，原先的美事就因「想太多」，讓小夫妻從此心生嫌隙。

每個人都難免有鑽牛角尖的時候，但只要回想對人的初衷、對事的初心，就可以幫助自己順利地回到思路的常軌。除此之外，為了幫助自己揮別「想不開」的困擾，建議你可以試試看以下方法：

如何避免鑽牛角尖？

* 從積極的角度去思考問題，是最佳的處理方式，也會讓事情往較好的方向發展。例如：當你在埋怨各種人事不如預期時，可以問自己：為什麼我覺得不順利？用對自己的提問挖掘負面情緒的本質，才能對症下藥，藥到病除。
* 如果你走不出「思考鬼打牆」的迴圈時，此時最簡單的作法，就是「放空」！去做一些讓你開心又有助益的事，經過時間淘汰掉一些過度反應的情緒後，看事情的角度或許也不同了，這時再來面對問題，有時解答就會油然而生。

有位哲人曾說：「你看待世界的方式，決定了世界對待你的方式。」換句話說，想不開其實是你在折磨自己。因為你存心和自己過不去，所以外界才會回應你的心念。

請學習從積極的角度去思考每一件事，儘管現實狀況並沒有任何改變，你的心卻可以雨過天晴。即使窗外依然雨勢滂沱，心舒坦了，你看見的天空也會是一片湛藍。

How to do?
想對付不斷惡化的情緒，
有時候，「放空思考」比
思考本身更重要！

坦誠以對解疑竇，即時拉近心距離

You can make it!
Let it go and relax yourself.

常用電腦的人一定都曾有過這種經驗：時間越久，電腦的運轉速度就會變慢，因此需要不時地清理、重整磁碟，運轉的速率才能維持正常。

我們日常的生活空間也是如此，若沒有經常清理，也會堆積起一層層厚厚的灰塵，但只要進行清掃，煥然一新的感覺總讓人有種說不出的愉悅。外在環境存在著有形的灰塵，人的內心也存在著無形的汙漬，更需要常常清理，才不會藏汙納垢。

就像是失戀的女孩，總喜歡透過變換一個全新的髮型，用這種「淨化」的儀式剪掉累贅和煩惱，才可以放下過往的情感束縛，把心打開，迎向新的戀情。

人的心靈就像是我們專屬的房間，既無法扔掉所有的東西，但也不能什麼都留著。對於過往的經歷，擷取精華後，就要適當地拋棄那些會令人難受、牽絆住自己的回憶，才能用輕鬆自在的心態繼續走下去。

情緒垃圾找出口，心裡自然無煩憂

李老伯的心中長久以來存在著一個說不出口的煩惱：因為家裡的木門老舊，於是每次開關的時候總會發出刺耳的「嘎吱——！」聲。這尖銳的聲響，總是令他格外心煩，甚至還會起雞皮疙瘩。

他不記得這聲音是從什麼時候開始的。但結婚以前，他只要忍受自己開關門的雜音，但結了婚之後，就必須忍受別人製造的噪音。當孩子一個個出世後，更加劇雜音的頻繁發作。在雜音的長年侵擾之下，李老伯的脾氣因此變得越來越暴躁，生活中雞毛蒜皮的小事都會惹毛他，使得大家對他心生距離。隨著年歲漸增，門的噪音就越發惱人，導致李老伯吃也吃不好，睡也睡不好，最終積鬱成疾而臥病在床。

某次兒孫來探望時，李老伯意味深長地嘆了一聲，說道：「唉！這開門的聲響，我一聽到就難受得很！」孫子聽出爺爺的用意，馬上去找了潤滑油塗在門軸的接縫處上，一個簡單的小動作，就解決了李老伯掛念成疾的病因來源。

這時李老伯才忽然了解，造成他終生煩憂的並不是那扇門，而是他無法戰勝羞於啟齒的心魔。事實上，只要他「願意說出口」，一切的問題根本就不是問題。

類似「這個世界上都沒有人了解我的苦處」的心念，偶爾也會浮現在許多人的低潮期。但是仔細探究下，事實難道真是如此？還是你根本不願意讓外界了解你的感受，自己總以為「吃苦就是吃補」，拒絕溝通，才造成今日的哀愁呢？

這種「內傷傷人」的性格日積月累，只會讓你的人生越過越無力。其實只要適當地替這些瑣事、心事找出口，就像每日清理的廚餘不會發臭，還能收得心靈環保之效！

說出最想說的話，讓愛回到最初

當心情不好的時候，你可以走到有陽光的公園，看看那些不知煩惱為何事的孩子，他們比大人更容易開懷大笑，總是毫不掩飾心中真實的感受。正因為孩子們心思單純，無須用複雜的條件論去思考自己的應對之道，大人才能從這種直覺的表達中，比較清楚孩子的需求與感受。

然而，「直接」在大人的世界，好像成為了一種「莽撞」、「白目」的瘟疫，人人避之惟恐不及，殊不知歲月沉澱於心中的成見，與被主觀放大的痛苦，已在人們的真心之間築起一堵隔音牆，即使好不容易坦誠相見，心牆也防衛森嚴。

過於自我保護只會使得許多誤會趁隙而生，但我們又該如何防堵憂慮入侵呢？

如何替壞情緒找出口？

* 當你躲在壞情緒的烏雲下淋雨時，是否能先問問自己：「我覺得他不了解我，那我了解他的做法與心態嗎？」試著敞開心胸，去了解藏在表象背後真正的問題，主動建立善意的溝通管道，才會有消弭歧見的可能。
* 若期待別人對我們好，倒不如自己對自己好一點比較實在。偶爾可以進行一些花費不大又能放鬆身心的事，例如：放首好聽的音樂，再喝杯香濃的咖啡，沉澱一下心情。

人與人之間的微妙關係，需要靠真心去經營，而非用敏感滋生敵意。下次，如果你又遇到刺痛你的人，請試著讓對方了解你的感受，並學習理解在生命中絕大多數的時刻裡，別人都是善意以對，絕非惡意挑釁。只要你願意傾聽、願意溝通，恭喜你，在磨合的關卡過後，你會發覺自己竟然培養出操控心情天氣的超能力！

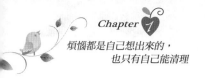

走出陰影洞穴，才能擁抱愛的暖陽

在生命的過程中，我們都難免遇到陷落的時刻。可能你努力準備公職考試，考了好幾年卻依舊與鐵飯碗擦身而過，甚至在艱難的歷程中，被磨去了原有的自信；可能你希望遇到真愛，卻屢次遇見不合適的對象，而漸漸地動搖了你對愛情的信念。

人生中充滿了無數的跌宕起伏，我們會因跌倒而傷痛，但千萬別忘了，只有自己擁有重新站起來的力量。與其因受傷躲進黑暗的角落，讓正面的光芒無法近身，不如勇於走出洞穴，分享愛的能量，它將回饋你最溫暖的支援。

與其詛咒黑暗，不如點亮心燈

曾有一位病人來找我進行心理諮商，她一直深受童年的陰影影響，以致長大成人後，仍活在黑暗的絕望中，走不出來。

她自小家境貧寒，經濟拮据，身為家中長女的她，為了分擔家計，在高職就讀時，就開始半工半讀，總希望盡量多賺一些錢，讓家人的生活能好過一點。儘管如此，父母還是常常因為經

濟問題爭吵，甚至還大打出手，導致她的成長歷程在無邊的孤獨與恐懼中度過。

努力多年，待弟妹畢業、獨立後，她的家境早已不復當年清苦。這時她才發現，長久以來的奔波勞碌與埋頭苦幹，導致自己身邊根本沒有可以交心的朋友，還錯失一段美好的姻緣。對於現況，她感到徬徨無助，心生恐懼，這份憂慮也逐步影響到她的工作、生活，不得不尋求專業的諮商協助。

經過數次的傾聽與面談後，我已能掌握她的病因，所以在最後一次聽完她對人生的無助後，我告訴她：「經過幾次的懇談，我已能了解妳痛苦的緣由。現在，我們先暫時放下那些傷心的過往。我想問問妳，如果可以選擇的話，妳最希望成為哪一種動物呢？」一聽到這個有趣的提問，她想了想，微笑回答：「要是可以的話，我想成為汪洋大海中的一條小魚。」

「為什麼妳想成為一條魚呢？」我追問。「如果我是一條魚，就可以悠游自在，無拘無束地生活，多快樂啊！」她似乎能看見那個徜徉於海中的自己，開心地回答。

看來她已經找到最理想自我的形象了，於是我繼續引導她：「好的，那麼請妳閉上雙眼，現在就把自己想像成那條魚。」

待她閉上眼睛後，我接著說：「無邊的大海就是妳的家。妳從小就生活在大海深處，每天都過得無憂無慮，在蔚藍的海水中快樂地游泳。」說完，我略作停頓，讓她進入引導的情境中。幾秒後，她的臉上已開始出現放鬆的神情。

我持續地引導她：「當妳漸漸地長大，成年後，為了家人的溫飽，妳離開了熟悉的環境與朋友，獨自在外奮鬥。妳每天廢寢忘食地忙碌，失去了魚兒該有的自在與快樂，但妳從未間斷努力。有時妳會為此感到很悲傷：自己為什麼必須承擔起全家的責任，犧牲自我，成全家人的幸福？」

頓時，她的表情又顯得十分哀愁。

我繼續引導著說：「但有一天，妳收到了一個媽媽捎來的訊息泡泡。妳戳破了泡泡，媽媽溫柔的聲音在耳邊響起：

『親愛的孩子，爸爸媽媽其實很想念妳。我們知道妳努力打拚，是為了讓我們能過上好日子。

但是，親愛的孩子，妳這麼辛苦，又如此不開心，我們怎麼可能感到開心呢？家裡的情況已經比之前好太多了。

現在開始，妳不必再把全家的擔子都背負在自己身上。去過屬於妳自己的快樂人生吧！像其他魚兒那般悠游自在的生活，美好的未來正等著妳呢！』」

仍緊閉雙眼的她隨著言語的觸動，一顆顆晶瑩的淚珠順著臉龐滑落，待睜開眼後，臉上滿懷釋然的表情。她噙著淚，對我微笑地點了點頭，表示答謝。

後來，我收到她從國外捎來的明信片，原來她選擇出國打工，勇敢追尋嶄新的自我。看到她能走出童年的陰影，我對往事的負重，似乎也卸下了不少，頓覺輕鬆許多。

有時候，我們之所以會感到困惑、陷入負面的循環中，往往是因為不願正視自己的內心。因為生活的現狀會使人盲目，讓我們看不到前方的光亮，也找不到隱藏在心裡的燭光。然而，我們的目光所及之處，並非就是事物的本質，如果你被不愉快的意念牽著走，只會越來越迷失在黑暗的迷霧中。

如果現在的你仍深陷漆黑的夜裡，就為自己點上燭光吧！無論何時，只要你願意點亮希望的蠟燭，就一定能驅散寒冷，得到戰勝一切的力量，走向充滿愛與光明的未來。

太陽一直都在，但你必須抬頭才看得到

有時，難免遭逢生命中的不順遂，讓我們被壞心情影響其他的生活層面。但與其說是外在因素影響了我們的情緒，不如說絕大多數的人們並不曉得應該主動為自己尋找一套應對外在變化的方法，才總是希望依賴他人與外在的改變來幫助自己平復情緒。其

實，每個人與生俱來就有幫助自己的能力，但你必須靠自己去發掘。

宋朝有位得道高僧，本身並不識字。某天，一個講話刻薄的人就如此責問他：「你自己都不識字，哪裡配做指導眾人學習精深佛法的高僧？」

當夜恰巧天氣晴朗，月明星稀。高僧伸手遙指夜空中的一輪明月，問他：「順著我手指的方向，你看到明月了嗎？」

那人回答：「看到了。」

高僧把手放下來，又問他：「好，現在我沒有指向明月，你看得到明月嗎？」

「當然看得到啊！」對方不耐煩地回答。

高僧於是笑著說：「明月一直都在，就像我們所擁有的智慧一樣。你可以藉由我看到明月，也可以自己看到明月。」

沒錯，明月一直都在，如同光明和美好也始終客觀地存在著。每個人的心裡都有一盞燈，但很多時候我們意識不到，因為我們沒有睜開雙眼去看，沒有敞開心胸去體會。當生命陷落時，我們該如何為自己點上一盞心燈，斥退暗影的糾纏呢？或許下面的方法值得一試！

如何走出陰影洞穴？

＊你可以問問自己：「我之所以遇到這些事，是生命要教導我什麼課題？」抱著一顆學習的心看淡世事，你會發覺，事事並非來阻礙你向前，而是能幫助你更上層樓。

＊往者已矣，而來者猶可追。如果把時間花在計較過去，只會讓你看不見現在身邊的幸福。放下懸念，腳踏實地地生活，未來的美好並非不可期，只要從現在開始創造。

其實，不需要借助他人的指點，更不需要去依賴外在的事物，我們自己就有能力將深埋在心中的那盞燈點亮。我們無法改變黑夜，但我們永遠能為自己在黑暗中留一抹光亮。

How to do?
問問自己：「我之所以遇到這些事，是生命要教導我什麼課題？」

You can make it!

對過去的事健忘，才有空間裝進現在

Let it go and relax yourself.

人生在世，沒有什麼事情是永恆不變的，所以自古有句名言：「風水輪流轉。」便是要提醒我們，即使正值順境，也應該謹慎行事；而縱使身在逆境，仍可以相信希望。不需要將過去的事情寄懷於心，因為只要你願意相信，任何事都有改變的可能。

若是你不願意放下，無疑就是拿過往的不愉快去典當了今日的幸福。

過去的就讓它過去

午後，一位聲譽極高的心理學教授正在替學生上課。

老師從提袋中拿出了一只十分精美的咖啡杯，這只杯子不但造型獨特，做工還相當精緻。正當大家都對杯子的精美讚不絕口時，老師卻忽然鬆了手，「哐噹」一聲，咖啡杯掉在地上，摔成了無數碎片。

「天哪！」、「杯子破了！」、「好可惜啊！」學生們的聲音此起彼落。

這時，老師卻微笑著告訴大家：「過去的已經過去，不必為已成碎片的咖啡杯而可惜。因為不論是惋惜也好，哭泣也罷，都無法使咖啡杯再恢復原形。

光陰似箭，生命也不可能重來，我們根本沒有時間後悔。從過去的錯誤中吸取教訓，才能讓以後的自己不再重蹈覆轍。當生活中發生了無法挽回的事時，請記住今日這破碎的咖啡杯。」

花開一季，人生一世。誰都想讓此生沒有遺憾，誰都希望自己做的每一件事都盡可能正確。但是，人不可能不做錯事，不可能不走彎路，也無可避免地會為此感到後悔。這是一種自我反省的歷程，是自我解析與拋棄過往的前奏曲。正因為明白了「後悔」有多難過，我們才會在往後的人生路上走得更謹慎、更踏實。

享譽全球的知名劇作家莎士比亞曾說過：「的確，昨日的風景再美，也移不到今日的畫冊上。」

好好把握現在，珍惜此時此刻的擁有，屬於你的美好時光就必然會再度來臨。

放下悔恨，從今天開始不再遺憾

生活中，令人後悔的事情時常發生。有些事，做了會後悔，不做也會後悔；有些人，遇到會後悔，錯過卻更後悔；有些話，說出來會後悔，不說出來仍舊是後悔……。

適逢你感到悔恨時，請讓自己換個角度思考：當生活周遭有因事心煩的親友時，你會如何安慰他們？

你可能會說：「放下吧！別跟自己過不去。」

其實，這樣的道理我們都懂，也會以此安慰他人，但每當輪到自己的時候，似乎就是無法坦然面對，因此「旁觀者清，當局者迷」的狀況總是不斷上演。

如何避免因悔恨而延宕人生？

* 想一想，別人因為犯錯而懊悔不已的時候，你會說什麼？把它寫下來。例如：「你已經盡力了，沒有關係的。」、「下一次你會做得更好！」……等等。
* 當你陷入後悔的情緒中，把這些句子，對著鏡子裡的自己，不斷重複，直到你真正學會原諒自己為止。

美國權威心理學家亞伯特．艾理斯曾指出：「人的一生中總會犯很多錯誤，如果對每一件事都深深地自責，一輩子都背著愧疚生活，就無法走得太遠。」

無心之錯，人皆有之，在遭受打擊的當下，也難免意志消沉。但錯誤的存在，並非是要削弱我們對生命的信念，而是為了點醒我們如何從錯誤中學習，才能在更關鍵的時刻，跨過這個已知的險阻，輕鬆地往人生的更高峰邁進。

How to do?
「沒關係，你盡力了！」
懂得原諒自己，才能寬心待人。

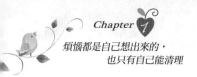

You can make it!

對未來的事放心，小小的改變都充滿驚喜

Let it go and relax yourself.

面對無法預知的未來，我們難免憂心忡忡：

新鮮人可能為職涯的發展充滿焦慮，已進職場的老鳥可能為了如何達到下一年度的業績而暗自神傷。如果這份擔憂，足以幫你解決眼前的問題，那麼未雨綢繆，就能成為一種積極應對生命的態度。

但如果你的憂心只能讓問題原地踏步，甚至還進一步影響了身心健康、人際關係，那麼選擇對未來「憂心」，不如選擇讓自己「放心」。

事實上，如果你正陷於兩難中，更應該記得，「受苦的人，沒有悲觀的權利。」

正因為身處困境，必須要花費更多的時間和力氣，想辦法扭轉劣勢，所以更不能讓悲傷與哭泣加重疼痛的強度。

登山的人若遭遇山難，不僅不能驚慌，更沒有時間讓情緒潰堤，唯有用最少的力氣做最有效的求援，才能增加獲救的機率。

人生同樣如此。當苦難來臨，只有盡力為自己解危，才會有掙脫苦難的機會。

你不能掌控改變，卻可以隨機應變

「除了生不生病我不能選擇，其他的一切都在我的掌握之中。」曾以《回到未來》三部曲享譽國際的美國知名影星米高・福克斯，在一九九八年公開他罹患帕金森氏症的消息，震驚了世界。

其實，他在發現左小指出現「抽痛」症狀後，於一九九一年就已確診罹患帕金森氏症。此後幾年間，他的病情逐漸惡化，身體左半部也開始出現僵硬與顫抖的病癥。直到他向外界宣布這項噩耗之前，福克斯已獨自與帕金森氏症奮鬥了七年。

當媒體接獲此消息，便蜂擁而至。

福克斯的主治醫師告訴記者們：「福克斯的病並非特例。許多帕金森氏症患者都有類似的情形，不僅沒有這方面的家族疾病史，也沒有其他能導致發病的特殊因素。」

面對突如其來的疾病，米高・福克斯的生活態度依然積極，他曾說：「這並不是一個過去被我隱藏起來、深沉且陰暗的祕密，它只不過是一件我個人必須面對的事實。」

對於生病的窘境，他甚至如此形容自己：「我的左臂顫抖得非常厲害，甚至可以在五秒鐘內調出一杯瑪格麗特酒。」

以福克斯原本前景大好的人生而言，罹患此病，他大可以選擇怨天尤人、自暴自棄，然而他並沒有。福克斯逐漸淡出螢光幕，並且創立了基金會，募款及資助帕金森氏症治療的相關研究。

許久沒有在螢光幕前露面的福克斯，在二〇一二年接受美國CNN電視台專訪時，以開朗的表情告訴大家，他現在很好，而且還說：「基本上每天都差不多。當我起床時，我的身體會告訴我，可否應付這一天，因為每天的狀況都不一樣。」

他只是認真地想過好每一天，做自己力所能及的事，因為盡力面對橫亙在眼前的難關，才是他真正能夠掌握的事。

或許我們會認為罕見疾病只會發生在少數人身上，所以覺得事不關己。但事實上，據行政院衛生署統計，目前在台灣被確診罹患帕金森氏症的患者，早已超過三十萬人。

想一想，當許多人在和「生存」博鬥時（而且大多數人還必須面對龐大的醫療支出，更別談如何維持基本生計），還能夠計畫將來、未雨綢繆的自己，是不是幸福得多？所以何必常常心生焦慮呢？享受每一刻的生活，珍惜在你身邊的每一個有緣人，其實才是你最應該「把握」的。

即使未來不一定會比較好，甚至有可能更糟，也別把心思放在擔憂無法預知的事情上。就是因為未知，它可能會變壞，卻也有可能更好，不是嗎？

或許我們無法改變現在的處境，無論是生病、貧窮，還是時運不濟，但我們仍可以為自己做些什麼——不顧影自憐，一如既往地面對生活中每個大大小小的挑戰，為了「活著」而心懷感謝。

因為，活著，本身就已是一個奇蹟，因為生命的誕生與維繫，需要機緣以及許許多多人的努力，包括我們自己。

辨識你的擔心是「好憂慮」或「壞憂慮」

精神科醫師愛德華．洛克威爾，在他的著作《憂慮》一書中，曾將憂慮區分為「好的憂慮」及「不好的憂慮」。

假設你要去火車站替一位久未見面的好友接風，但到了約定的時間他卻遲遲還未出現，又一時連絡不上。

這時「好的憂慮」會告訴你：「火車可能誤點了，我去服務台問看看。」

但是「不好的憂慮」會告訴你：「火車竟然延誤這麼久，會不會中途出事了？」

即使原先出自「好的憂慮」，也可能會在極短的時間內就轉變成「不好的憂慮」，因此洛克威爾特別強調，在不好的憂慮出現前，就要立即行動，用力甩開它。因為很多人只要被不好的憂慮纏上，就會因此被壞情緒糾結幾小時至數天，甚至好幾週。

我們有時無法制止負面情緒產生——哀傷、自憐、憤怒，或是恐懼，但這並不會令情況好轉。你必須轉移注意力到自己能進行的事情上，積極應對，才能免於憂慮之苦。

如何讓自己對未來放心？

* 寫下所有令你擔心的事情，例如：我擔心一個月後自己主辦的活動可能出錯。
* 思考你能為這些憂慮做些什麼，如何才能幫助自己減少憂慮，例如：把所有我認為可能出錯的細節列出、詢問別人是否可以協助進行細節確認……。
* 現在開始的一週內，至少完成一項你寫下的作法。
* 後續的每一週，都讓自己解決一項擔心的事，直到你不再為那些事擔心為止。

要是往後負面的想法再次出現，請告訴自己：「我已經準備周全了，沒什麼好擔心的。」揮揮手，主動趕走那些令人不安的蒼蠅。

你可以讓這個方法變成你對抗憂慮的固定模式。久而久之，當習慣成自然後，即使不需要逐項寫下來，你也能夠做到。

剪斷對未來的煩憂，寄予無限希望，把每個改變，都看做生命中的一份禮物，人生的驚喜，不在於命運，而在於你是否能擁有彈性以對的那顆心！

How to do?
請告訴自己：「我已經準備周全，沒什麼好擔心的。」

You can make it !

用心專注在當下，看淡成敗不執著

Let it go and relax yourself.

「保持覺知、活在當下，則每一口呼吸、每一個步伐，都將充滿平靜、喜樂與安定。」這是越南的一行禪師在為信眾開示時說過的話。

當你能夠有意識地讓自己專注在當下的情境，一心一意地做好眼前的事情，如此那些令人煩惱的思緒便無法再影響你，讓你脫離憂愁，暫時忘卻現實中避無可避的苦痛。

專注當下，幫助你離憂解苦

日本有個電視節目「搶救貧窮大作戰」，製作團隊為了協助陷入困境的人們再站起來，提供各種建議與管道，使這群人能擺脫貧窮，重新出發。某次在節目中，播出了這一則故事：

那是位獨自經營大阪燒店面的老闆娘，離婚後，一個人邊扶養年紀尚小的孩子邊維持生計，因而積欠一筆龐大的債務。製作團隊評估後，建議她改做拉麵，並介紹她去一家由知名拉麵達人開設的店面學習手藝。由於拉麵的麵條必須手工製作，她就從和麵揉製麵糰開始學起。

達人之所以為達人，必定有相當的堅持，因此他的訓練自然十分嚴格。他說：「麵糰是要用心去揉製的。對待這麵團就等於對待你的客人，沒有熱忱必定無法完成。」

老闆娘做了一次又一次的練習，一次又一次的嘗試，麵糰還是無法成型，不斷被達人要求重新來過。「妳根本沒有用心！毫無熱忱！」達人如此訓誡她。但老闆娘心中惦記著家裡的生計與債務，如何能心無旁騖的學習呢？

但也正因為龐大債務沒有退路，只能硬著頭皮做下去，漸漸地她開始將注意力放在手裡的麵糰上，全心全意地想做出成功的作品。終於，麵糰成型了，也獲得了達人的認可。在艱苦的修行之後，她的店面終於可以重新開張，順利地做起了拉麵生意。

起初老闆娘無法做出成功的麵糰，是因為她沒有將注意力集中。但是，不斷地為雜事勞心，事情就會往好的方向發展嗎？答案絕對是否定的。既然不會，不如把目光聚焦現在，「人在哪裡，心就在哪裡」。當她這麼做之後，煩惱與憂愁也跟著消失不見了。

專注於當下正在進行的事情，無須考慮成敗，甚至也不用花心神去想：「我要杜絕雜念，專心致志」。當失去成敗與雜念的侵擾，未來自然會朝著你努力的方向發展。

心靈的平靜祥和，始終來自於專注當下的態度。

如何訓練自己進入專心致志的情境，你可以在日常生活中進行這樣的練習：

如何讓自己專注當下？

* 吃飯時間，關掉電視與電腦，也別邊吃邊看書或報紙，把心思放在面前的食物上。
* 在開動之前，先端詳一下，你今天的餐點菜色是什麼呢？顏色是否豐富？擺盤的樣式是否令你感到胃口大開？
* 用餐時，細細咀嚼每一口食物。品嘗一下，這樣的味道你喜歡嗎？鹹淡是否適中？
* 隨時注意自己的飽足感，若已經吃飽，就不要勉強吃下剩餘的食物。這麼做不僅可以培養你對自身感受的敏銳度，也能幫助你避免吃得過多，進而能夠維持良好的體態！

從品味飲食中逐步培養品味生活的態度，讓自己練習「做好每一件事」，再按部就班、循序漸進地完成其他事，告訴自己：「要做就要做好」，藉由專心致志的心念趕走毛毛躁躁的雜念，你會發現自己的工作效序、生活效能也能快速運轉，原來「放下」，比你想像中更簡單、更能成大局。

管他成敗與否，放手去做就對了

世界知名的「空中飛人」卡爾・瓦倫達，出身馬戲團世家，並創立了美國瓦倫達家族雜技團。他以精采且險象環生的走鋼索表演聞名於世。

鋼索一般都懸吊在離地幾十公尺的高空，沒有任何安全保護措施，加上來自風雨等不利因素的干擾，在上面行走如同搏命，但瓦倫達始終能獲得成功。

瓦倫達曾說過：「我走鋼索時，從不曾想到目的地，只想著走鋼索這件事，誠心誠意地走好鋼索，不管得失。」所以他不曾失敗。

然而，一九七八年在波多黎各的一場公開演出卻結束了他的不敗神話。

當高齡七十三歲的瓦倫達行走至鋼索中間，完成了兩個難度不高的動作之後，卻忽然重心不穩從鋼索上墜落，當場身亡。這場現場轉播的高難度表演，讓許多人親眼目睹了這場悲劇。

事後記者採訪瓦倫達的妻子，她沉痛地說：「我早有預感這次會出事，因為他上場前不斷反覆說著：『這場表演太重要了，我一定要成功，絕對不能失敗！』他以前從沒有這樣過。」因為患得患失的心理，瓦倫達離開了表演舞台，也告別了人生。

後來，心理學家便把這種專注於眼下的工作，不考慮其他層面影響的心態，稱之為

「瓦倫達心態」。

想成功，其實很簡單，不要一心一意冀求成功就好。

事實上，不論是求學或工作，都適用這個原理。凡事盡力而為，穩妥地進行手邊的工作，踏實地完成每一個步驟，成果就會悄然而至，就算有時難免悖離原先的希望，但因為你的專注努力，終將把一切引導到好的循環中。

匯集了正面的事物，生命自然會趨於美好。

How to do?
成功，其實很簡單，不要
一心一意冀求成功就好。

肯定自己，現在的你就是最好的你

生命從來不曾出錯。真正出錯的，是我們看待自己的態度。

有位哲人曾經說過：「人不是因為美麗才可愛，而是因為可愛才變得美麗。」正因為每個人都不一樣，世界才得以完整。

試想，如果每個生命都完全相同，這個世界便只剩下單一的顏色，又何來美麗可言呢？你不必羨慕別人的長處，也不需要為自己的短處感到自卑。每個人都有與生俱來的天賦和任務，也因此能夠創造出不同的人生價值。

你知道嗎？現在的你，就已是最棒的你！

幸福的人才能享受成功

印度的聖哲巴觀曾在他開設的「合一大學」中，教授他所提倡的嶄新人生觀：「不是成功會帶來幸福，而是幸福的人才能夠享受成功。」

試想，為什麼賈柏斯本人足以成為蘋果電腦的經典象徵呢？

因為他在每一次的新產品發表會上，都會以信心滿滿、極富

魅力的演說，打動現場的記者與電視機前的觀眾，使人深刻地感受到產品的特色與價值，並引發眾人的購買欲。也就是說，賈柏斯十分了解自己的產品，且對它具備十足的信心，因此能成功地說服顧客把錢從口袋掏出來。並非產品的銷售讓賈柏斯深懷信心，而是賈柏斯對產品擁有強烈的自信，使得蘋果電腦的商品得以銷售長紅，屢創佳績。

人生也是一樣。一個覺得自己很不幸的售貨員，有辦法讓客戶相信他的商品能帶給人們幸福的感受嗎？如果你總想著自己時不我予，你認為幸運之神會眷顧你的人生嗎？答案自然是否定的。自認時運不濟的人，通常無法相信自己，也不相信夢想，腦中充滿了煩憂的思緒，自然難以想出可以突破現狀的辦法。

因此，聖哲巴觀對總是習慣悲觀思考的人提出了以下有用的建議。

如何拒絕多餘的憂慮？

* 練習用單純的眼光看待現實，把外在的實際情況與自己內在的情感區隔開來。
* 明白客觀的事物並無好壞之別，好與壞都是我們用自身感受所做的解讀。開始了解這個事實，就是讓所有事情都能順利進行的前提。

你想想看，即使大家都說，現在環境不景氣，自己這一行很難做，根本賺不了什麼錢，但是否還是有人能在這個領域獲得成功、擁有出色的業績？就算今天開盤後股市大跌，難道完全沒有人從中賺取龐大的利潤嗎？肯定有的。經濟不景氣與股票漲跌，並不會讓人煩惱，真正會令你煩惱的，其實是你認為它們為你帶來了「困擾」與「痛苦」的感受，因此「心想事成」。

現在展現在你面前的，其實只是一個單純的事實，是情感造成你的情緒壓力，而非外在的現實。只要你能夠認清現實與情緒的分野，當下便會感到輕鬆許多。

生命最美妙的瞬間，就在此時此刻

有位年過七十的老太太，某次與德高望重的慧悟禪師相遇時，向他陳述了心中累積下的經年累月之苦。

老太太年輕的時候，不顧家裡眾人的反對，嫁給了當時窮困潦倒的情人。其實她的原生家庭十分富裕，家人希望她能與門當戶對的對象結婚，並且也認為她的情人缺乏理想和抱負，將來肯定不會有出息。然而老太太當時卻認為情人對自己十分疼愛，為人又忠厚老實，因此執意要與他結婚。

料想不到的是，婚後的另一半漸漸顯露出真面目，不僅濫情又花心，還相當不負責任。結婚兩年後，老太太生下一對兒女，先生卻在此時有了外遇，棄她而去。老太太一個人艱難地撫養年幼的孩子，生活陷入窘境，卻又為了愛情與面子問題而不肯離婚。

數年後，老太太好不容易將子女拉拔長大，貧病交迫的先生卻在此時被外遇對象趕了回來。老太太不忍看孩子的父親如此落魄，便收容了他，陪伴他到醫院進行長期治療，更費盡心力、無微不至地照顧。然而，她先生不僅沒有心懷感激，還惡言相向，甚至對老太太以暴力相待。老太太說到這裡，不禁潸然淚下。

慧悟禪師明白老太太的苦處：她有心想照顧先生，卻又咽不下心中的那股怨氣。禪師於是微笑著對她說：「施主，您看看，現在您雖已年屆古稀，卻依然手腳靈活、耳聰目明，多好；您的先生待您如此，您還願意悉心照料他，多好；您的子女在您的教誨之下皆已長大獨立，事業有成，這又有多好。」

禪師停頓了一會兒，又道：「回顧您的一生，從前的您肯定是十分辛苦的，但現在的您卻是如此有福報。難道還有比現在更美好、更令人欣慰的時候嗎？」

老太太怔了怔，原先糾結的眉頭在禪師的一席話後，漸漸舒展開來。良久，她才緩緩地對慧悟禪師說：「多謝禪師指點……我現在感覺好多了。只要不再計較先生的所作所為，人生至此，再沒有比當下更美好的時候了。」

證嚴法師在為信眾開示時，曾以走路作為比喻。她說：「我們走路的時候，若是想前進一步，當前腳跨出時，後腳就必須拔腿離開，才有辦法好好走路。否則不僅無法前進，還非常容易跌跤。」

昨天的時間已然消逝，明日的時光還未可知，沒有人可以確知下一秒是否就是人生的終點。我們能夠把握的，唯有現在而已。

讓自己活在現在，而不是活著卻總為了其他時間做準備——不斷回憶過去的美好時光，或為了將來苦思冥想、疲於奔命。過去的已經過去，將來也無法保證一定會來。現在就是我們人生中最美妙的時刻了，請別再左顧右盼，因為幸福就在你伸手可及之處。

How to do?
練習用單純的眼光看待現實，把外在的環境與內在的情感區隔開來。

煩惱與壞情緒，若是不加以處理，便會積憂成疾，
更衍生出「憂鬱症」與「慢性頭痛」等等心理文明病。
一旦將堆滿雜物的心靈清空了，
就能還給自己滿心的清淨與自在。

Chapter 2

不再囤積心靈垃圾，學會放手丟掉煩惱

你對舊愛放手了嗎？

心靈雜物搜查線

1. 當你開始一段新戀情，沒過多久就會深陷情網？

Ⓐ．是的，請到第二題。

Ⓑ．不是，請到第三題。

2. 即使在熱戀中，你仍會把自己的感受看得比對方重要？

Ⓐ．是的，請到第三題。

Ⓑ．不是，請到第五題。

3. 你的風格就是隨性自然，毫不拘束？

Ⓐ．是的，請到第四題。

Ⓑ．不是，請到第五題。

4. 你是否經常覺得沒有安全感，不時會想東想西、疑神疑鬼，懷疑情人做了什麼不好的事？

Ⓐ．是的，請到第五題。

Ⓑ．不是，請到第六題。

5. 你會要求情人報備行蹤，無論他是在工作還是出去玩？

Ⓐ．是的，請到第七題。

Ⓑ．不是，請到第六題。

6. 你曾經查看過情人的手機或MSN、臉書的聊天記錄？

Ⓐ．是的，請到第七題。

Ⓑ．不是，請到第八題。

7. 對你來說，感情要倚賴緣分，不是努力就可以強求得來的？

Ⓐ．是的，你屬於D類型。

Ⓑ．不是，你屬於C類型。

8. 面對複雜的人際關係，你會感到厭煩，自然而然地想要逃避？

Ⓐ．是的，你屬於A類型。

Ⓑ．不是，你屬於B類型。

結果分析

A類型的你，瀟灑指數★★★★★

你對戀愛的態度相當瀟灑，不確定的感情與糾結的情緒對你來說是極大的束縛。因此，如果這段感情已經無法給自己幸福與快樂的感受，只剩下無盡的傷害及痛苦，你會傾向於放手，給彼此祝福。

其實，人生不過就是這麼回事，不是嗎？姻緣天註定，與其虛耗兩個人的時間，不如讓彼此都有新的機會。説不定下一次戀愛，就能更接近幸福。

B類型的你，瀟灑指數★★★

面對感情的瓶頸，你會給彼此一個期限，試圖補救快要破裂的感情。如果在期限之前能夠修復兩人的關係，那是最好，若是做不到，你便會乾脆地放棄。

因為你認為要是一段感情的結果已經完全無法預料，轉而去尋找新戀情，説不定還有幸福的可能。倘若情已逝而緣盡不再，就不必繼續把有限的心力白白浪費在沒有終點的等待上啦！

C類型的你，瀟灑指數★★

在感情中，你總是習慣退讓。當兩人的關係出了問題，你會先思索，自己應該如何改變才能迎合對方的需要，長期下來，反而讓對方把你的付出視為理所當然。當愛的感覺已然消失，對方想抽身離去，你卻因已經付出太多而無法收手。在你心中，依然深信著只要自己再多讓一步，所有的問題都能夠迎刃而解，對方的心也會回到你身上。但事實上，哪有這麼簡單呢？

這段關係充其量只是你以自己的退讓構築起來、有著美麗外表的玻璃屋，一旦破碎就再也無法復原。你若堅持去撿拾散落一地的碎片，最後只會割傷自己而已。

D類型的你，瀟灑指數★

優柔寡斷，拿不起也放不下，以此來形容你在感情裡的樣子，可說是十分貼切。感情對你來說，就像是個用遺憾堆砌起來的世界，而你深陷其中，難以自拔。即使愛已走到盡頭，你也習慣蒙蔽雙眼，假裝兩人還有幸福的可能。因此你經常不是那個提出分手的一方，這一點更讓你有了怨恨的理由。你會強烈地希望那個早已不愛你的人留在身邊，即使對方斬釘截鐵地拒絕了你，你也會「勾勾纏」直到你找到新戀情為止。

建議你面對舊愛時，盡量讓自己保持普通朋友的禮儀，否則會把對方越推越遠，最後連朋友都做不成。

You can make it!
Let it go and relax yourself.

拋棄惱人束縛，開始練習輕生活

現代人的生活並不輕鬆，每日處理大量繁雜的事務，既勞力也費心。身體的勞累或許靠休息能夠消除，但心靈的疲乏，卻需要學習放下，才能夠緩解。

我們的心經常承載了許多不必要的負擔：羨慕別人賺錢，自己拼命工作卻仍買不起房；懊惱同事升遷，自己認真努力卻總得不到上司賞識；嫉妒朋友戀情幸福，自己用心經營卻還是黯然分手……。

當許許多多負面的情緒成為一個個心靈包袱，不斷堆積之下，讓幸福跑得更遠，快樂也變得艱難。

隨手做環保，扔掉你心裡的垃圾

有位智者養了一條狗，並給牠取了個非常特別的名字——「放下」。每當餵牠吃東西時，智者就會扯開嗓門大聲地喊：「放下、放下」。

鄰家的年輕人聽了覺得奇怪，於是問道：「為什麼給狗取這樣的名字呢？」

智者於是解釋道：「孩子，其實在喊著『放下』的時候，我也是在提醒自己，要懂得放下！」

世界還很大，人生還很長，雖然有太多的事情我們無力改變，但若一直執著於已經失去的，你擁有的，就只剩下失去。

當佛陀還在世時，最常被世人求教的問題就是：「我該怎麼做，才能不再煩憂？」佛陀的答案始終也都只有一個：「放下。」

某個自命非凡的人，聽了這樣的答案後相當不服氣，便跑去對佛陀說：「這世上有千千萬萬個人，就有千千萬萬種煩惱。但您給他們的解決辦法都相同，這豈不是件很荒謬的事嗎？」

佛陀沒有為他的無禮感到不悅，而是反問他：「你每晚睡覺時，會作夢嗎？」

「當然！」那人答道。

佛陀又問：「那你每天晚上，都會作一樣的夢嗎？」

「怎麼可能一樣！您這是在說笑嗎？」對方惱怒地說。

佛陀搖了搖頭，微笑著說：「你睡了千千萬萬次，就作了千千萬萬個夢。但要結束夢的方法，卻只有一個，那就是：『醒過來』。」

佛陀將「煩惱」比喻成「夢」，就是要告訴我們，當我們能夠「放下」，也就能夠「清醒」。放下，並不等於放棄，而是一種坦然面對的態度。即使如何懊悔，我們也不可能再為既成的過去做出任何努力，但你身處的現在卻可以，而充滿希望的未來更在前方等待著你。

那麼，到底該怎麼做，才能真正放下煩惱呢？你可以試試看這種方法：

如何遠離煩憂？

* 我們不可能真正根除煩惱，但卻可以讓自己學習釋懷。當你的煩惱已經造成超量的壓力，試著跟自己對話，告訴自己：「沒關係」、「沒關係」，解決了情緒的困擾，才有腦力面對真正的問題，這才是解決之道。

* 多心的人注定活得辛苦，因為情緒太容易被別人左右。有時候，與其多心，不如少根筋。偶爾吃點虧沒關係，有些問題現在不解決也沒關係。有時候事情不能解決，並不是你的問題，而是時機未明。偶爾坐下來學著等待，往往撥得雲開見月明！

試過以上方法，舒展展身心後，或許你會發現，對小事斤斤計較、總是希望能馬上解決問題、老是強求明天要更美好或更進步的心態，往往就是造成煩惱的起因。與其讓懊惱和悔恨長伴你左右，不如試著淨空你的心，打開心胸讓更多新事物、新資訊進入其中，待你信手拈來便能處處是生機。

拿得起，更要放得下

一名奧運金牌得主，在他剛滿二十八歲、事業正值巔峰之際突然宣布退役。此一決定讓許多人大惑不解，以為是他的舊疾復發、體力大不如前，替他深感惋惜。

實際上，這位金牌得主早已對自己的狀態有所警覺，他明確地體認到自己的體能已達極限，所謂的最佳狀態將成神話，於是主動宣布榮退，轉入國家隊成為教練。

這個決定在旁人看來或許有些無奈，但他留給世人的印象，卻永遠是那奪金時英姿煥發的身影。

不論是在運動場還是人生，我們都不可能常勝不衰；若非絕處，時間也不可能停格。如果一再眷戀著過去的成功，那麼你也將與未來的勝利擦身而過。如果緊抓不放，手中擁有的只能是虛無；但鬆開手，你將能擁抱一整片藍天。

其實，你一直比你以為的還要堅強。煩惱、傷痛與那些過去的榮光，都會隨著時間慢慢流逝，它們留在你心中的色彩，也會漸漸黯淡。你早已在不知不覺中，邁步前往明天的旅途。所以別把你的心留在昨天，也不需要感到害怕。

放下，只是將過往留在你曾走過的道路，而那條路並不會消失，它會永遠在你身後，成為你生命軌跡的最佳印證。

丟掉你為人生充填的過多意義

You can make it!

Let it go and relax yourself.

當我們初生之時，能夠吃得飽、穿得暖，就是我們人生中唯一的意義。

然而，隨著時間流逝，我們開始接觸到更多讓自己感到快樂、痛苦的事物。希望擁有愛、擁有成就感、獲得他人的認同……等等，這也是構成一個人價值觀的基礎。

當你心有所求，每件事都可以變得很重要。於是，你在不知不覺的情況下，為自己的身心背負了許多重量。有些事，得不到，縱然很痛苦，但得到了無法恆久擁有，又是另一種遺憾。於是，我們就在這些自己重視的「人生關鍵詞」中往來奔波，卻忘了最初只求吃飽穿暖的那個單純的自己。

即使我們的能力在成長過程中不斷增長，但想把這麼多「最重要的事」全都做到好，仍非易事。

人生沒有什麼事真的「非得這樣不可」

有許多人，尤其是相當忙碌的人，喜歡為自己制定完善的計畫，因為有太多事要做，不好好規劃的話根本做不完。但是計畫總有變化，越是重要的事越容易出錯，到頭來實際始終不符合預期。

即使你很努力維持健康，還是免不了會有生病的時候；即使你很努力準時上班，還是有可能因為突發狀況而遲到；你很努力想讓身邊的人都開心，但肯定有人會不開心。

人生充滿了太多意外，當我們在乎的事情越多，就會有越多的事有機會來擾亂我們的人生。要是這件事對你「意義非凡」，它的變化就越容易讓你「無比痛苦」。

所謂的「意義」，其實就是我們的執念，也是我們的憂心之源。換言之，要是這個「意義」一旦消失，執念也會跟著消失，痛苦的感覺自然就不復存在。

而「意義」轉瞬消失的狀況，通常都發生在我們面臨人生中重大改變的片刻。這個改變可能讓你瞬間失去一切，什麼都沒有了，但卻有可能換來你的「頓悟」，即使慘得無以附加，但心裡卻有股說不出的輕鬆。你甚至可能在絕慘經歷的過程中，看見對你而言，真正重要的事物。

我們身邊也不乏這樣的例子：在罹患重病、被告知時間所剩不多時，突然驚覺能夠好好的活著，其實才是人生中最重要的事。但是，為什麼一定要等到戲劇化的人生找上我們，才了解這個道理？這個代價未免太大了些。

不如從現在開始，就學會告訴自己：「沒什麼事非得怎樣不可」，慢慢學習如何過濾與丟掉這些「多餘」的人生「意義」，才能清楚地看見生命真正的價值。

善用「有意識」的呼吸，讓自己「放輕鬆」

我們經常不自覺地處於緊張狀態，所以容易出現腰酸背痛、肩頸酸痛等等疲勞與不適的症狀，這些都是情緒與身體過度緊繃的警訊。如果能在病症出現之前，適度地讓自己放輕鬆，就能夠避免更多不必要的心力耗費。

放鬆的方法有很多種，但有一樣不需花費太多心思、隨時隨地都能進行的做法，就是進行「有意識」的呼吸。

呼吸是我們的生命之源，但卻是所有生命跡象中最容易控制的一種。你無法很輕易地調整自己的心跳或是荷爾蒙分泌，卻能毫不費力地控制自己的呼吸頻率。

經常有意識地深呼吸幾分鐘，除了可以讓自己脫離緊張狀態，也能吸入更多的氧氣，讓心跳變慢一些，好讓它可以輸送更多血液與氧氣至身體各個部位，令全身細胞活化。它甚至可以減少腎上腺素分泌，幫助你的神經放輕鬆。

如何進行有意識的放鬆呼吸？

* 首先，觀察自己在不同時刻呼吸方式的差異，例如：你在工作時的呼吸是否比較急促，在休閒與睡眠時又是如何放慢呼吸，你就能找出自己最緊繃的時刻。
* 當你感到緊張時，給自己五分鐘時間，讓自己進行深度呼吸。
* 先慢慢地呼氣，想像你把身體裡所有壞東西都釋放出去。接著慢慢吸氣，把所有新鮮的氧氣都吸進身體，想像自己全身上下都充滿了能量。多做幾次，這種感覺會更棒！

練習關注自己的呼吸，在深度呼吸的時候，把心中所有沉重的執念都放掉。既然它們對你的身心無益，就無須留著這些壞細胞陪你奮戰人生。深吸一口氣，為自己補充滿滿的能量，會讓你更有力量繼續那些未完的任務。

How to do?
沒有什麼事非得怎樣不可，試著丟掉這些「多餘」的人生「意義」。

名利的數量
不等於生命的質量

「錢不是萬能，沒有錢卻萬萬不能。」一熟知此道的我們，從小就被教導要努力，要為了未來的幸福打拼，不僅要儲蓄，還要想盡辦法賺更多。

所以，縱使現在擁有足夠的資源，也永遠不夠，因為我們不曉得以後會如何，所以一定要預做準備。

可是，這卻是個十分奇怪的邏輯。

如果有錢就能夠幸福，為什麼許多名利雙收的產業大亨卻不見得幸福美滿？為什麼許多沒沒無聞的貧苦家庭，卻生活得自在安適？

由此可見，幸福與財富間的關係，並不是等號。

因為你擁有可愛的朋友、親愛的家人、休閒的嗜好……等等微不足道的小小幸福，這些都可以帶給你莫大的樂趣。

只要懂得從微小的事物中體悟幸福，不論世事如何更迭，你永遠能成為在絕望中首先看見曙光的人。

小心被你的心已被金錢綁架

有三個年輕人來到一個名為「幸福小鎮」的村莊，此行的目的是為了拜訪他們的朋友——「友誼」和「快樂」。然而才踏進小鎮，就看到鎮上的公佈欄貼著一張偌大的尋人啟事。

「原來是『友誼』和『快樂』失蹤了！」其中一位年輕人喊道。

於是，三個人花了數天的時間翻遍整個城鎮，卻沒發現「友誼」和「快樂」。正當他們頹喪地在路邊停下歇息，卻看見幸福小鎮的鎮長匆匆跑來，告訴他們：「我剛剛才得知，『友誼』和『快樂』被『死亡』綁架了！」

三個人一聽，立刻著急了起來，顧不得殘忍的「死亡」可能做出什麼恐怖的事，帶著武器便直闖傳聞中「死亡」的巢穴。

當他們悄悄潛入那棟幽暗的房子，終於在一個充滿血跡的房間找到了「快樂」，但「友誼」卻已成了冰冷的屍體。

其中一位年輕人扶起了快樂，嘆道：「『死亡』在哪裡？它竟然如此折磨你們！我要殺了他！」「快樂」指了指「友誼」懷裡的箱子，就斷了氣。

三個年輕人憤怒地打開箱子，卻沒有發現他們要找的「死亡」，只看見一整箱黃澄澄的金子。

原來，這裡根本不是什麼「死亡」的房子，而是許久以前搬走的貴族遺留下來的古屋。「快樂」和「友誼」不知從哪裡得知了寶藏的傳說，便相約來這裡探險。

他們確實挖到了寶物，卻為該怎麼分配財寶起了衝突，最後竟然大動干戈，終以兩敗俱傷收場。

一對長年好友，因為錢財而反目，最後還丟了性命，什麼都沒有得到。

我們不也常在現實社會中看見為錢反目成仇的案例而搖頭嘆息嗎？

其實，我們都生在幸福小鎮，每個人都擁有「快樂」和「友誼」，更不曾失去過「愛」。這些是再多金錢也無法換取的無價之寶。若總為了追求幸福快樂而拚命想獲得金錢，就真的是捨本逐末了。

能夠幫助越多人，才會成為最快樂的人

你可能沒聽過「朱邦復」這個名字，但你一定知道他發明的「倉頡輸入法」。其實朱邦復曾經被譽為「中文電腦之父」，當年為了讓中文輸入法得以普及，他登報放棄了倉頡輸入法的專利。

當年的他，學習電腦只花了六天的時間，學習程式語言到自己寫程式，也只花了一個禮拜，但他在學生時代，數學卻從來沒有及格過。

大學畢業之後，他隻身遠赴巴西闖蕩，做過搬運工、賭場的保鏢、街頭的算命師，也在餐廳打過工，他甚至還當過嬉皮。後來，他到一家出版社工作，因而見識到了遠遠超越國內的出版技術。相較於國內冗長的出版時程，他們從原稿、校對、印刷、裝訂到上架販售，一本書只花費了十二小時的作業時間。

他便想：如果中文書的製作也只需十二小時，那就能以更快的速度將新的知識傳播給所有使用中文的人。

因此他歸國後，借助畢業於台大中文系的沈紅蓮女士之力，最終發明了倉頡輸入法，更進一步催生出全球第一台中文電腦。

然而，為了能使倉頡輸入法能夠快速地廣為流傳，他放棄了專利權，我們才能夠在現今的每一台中文電腦上，都用得到倉頡輸入法。

朱邦復先生擁有無私的胸襟，然而他不求名利的態度，才是他得以遠離俗世紛擾的主要因素。如果一直將名利兩字記掛於心，得之以喜，失之以憂，就無法讓內心獲得恆常的寧靜，因為「無常」才是世間的真理。

世事難料，我們無法預知下一秒將會發生什麼事情，縱使這一刻獲得了渴望許久的名譽、地位及相應的利益，難保是否還會有失去的一天。要是為此患得患失，就真的枉費大好人生了！

如何擺脫名利的束縛？

＊懂得「不以物喜，不以己悲」的人，才能成為自己心靈的主宰，不受名利所惑，就不會為之所困。

＊每天發生在我們周遭的很多悲劇，往往就是因為無法放下自己手中已經「擁有的東西」所釀成的。是你的，別人搶不走，不是你的，強留有何用。人生不求「足夠」，但求「滿足」。

＊唯有讓自己的人生潛力得到最充分的發揮，生命才會豐厚。與其去看重那些有形的數字，不如把自己的生命價值發揮到極限。

我非常喜歡岳飛在〈滿江紅〉裡的名句：「三十功名塵與土，八千里路雲和月。」岳飛豪氣干雲地把地位、名譽視為塵土，卻又感嘆自己為此花費了三十年的歲月，奔波了將近八千里的路。

名譽和地位，從來都是許多人一輩子的執著，但這些東西說穿了，也同樣是生不帶來，死不帶去。即使現在你認為名利無比重要，但到了生命應當結束之時，你也只能忍痛放手。既然如此，又何必為它辛苦為它忙？

世事豈能盡如人意，但求能無愧於心。做你認為應該做又能夠做的，其他事情就坦然以對、泰然處之吧！

How to do?
世事豈能盡如人意，但求
能無愧於心！

待人以包容，讓愛在每顆心中流動

Let it go and relax yourself.

當我到海邊出遊，看見壯闊的大海時，總會想到這則有關「包容」的寓言：

湖泊這天閒來無事，看到不遠處的大海，於是問：「兄弟，你的面積有多大啊？」大海聽了只是微笑，沒有說話。

湖泊又問：「你有我的一半大嗎？」大海微笑著點了點頭。

湖泊不死心的繼續追問：「到底是多大啊？該不會你有我的七成大吧？」大海仍舊謙和，微笑著沒有回話。

湖泊驚訝地再問：「你如此有自信，難道你比我還大？」

一旁的河川小姐正好路過，忍不住插話：「你少臭美了，人家大海可是遠比你的一百倍還要大！」湖泊一聽嚇傻了，結結巴巴地說：「你說什麼！這怎麼可能！」

河川小姐冷笑了一聲，說道：「怎麼不可能！每次我們路過這裡，想在你那稍作休息，你都不答應。大海不像你，幾百條河川、幾萬條小溪到他那裡他都包容，他當然能長得比你大！」

大海用包容的心善待他人，接納異己，其實自己收穫更多。

我們面對人事的態度，其實就如同大海、也如同湖泊。有些人遇見好事壞事、好人壞人，一概當作生命的養分，由此涵養自我；有些人面對紛雜的人事，卻是能避就避，避不開就選擇封閉心胸，長此以往，與外界扞格不入，不僅把別人推出了自己的世界，也將自己推出了群眾的世界。

認可他人與自己的不同

我曾查找《大英百科》書中對「包容」的解釋，如此闡義：「允許別人自由行動或判斷；耐心而毫無偏見地容忍與自己或公眾觀點不一致的意見。」這就是包容的真義。

生命之所以能生生不息，並且具備適應環境改變的能力，就是因為「差異性」。不同特性的基因，讓物種可以在不斷變化的環境中延續，不致於滅亡，這也是為什麼科學家們致力於建立並保存「基因庫」的原因。

從另一個角度來看，差異也是使得這個世界如此多采多姿的要素。當我們在進行團體活動時，不同個性與想法的人提出的意見，往往是讓我們能不斷創新的原動力。

所以，如果你正陷於「別人都不了解我之所以如此做」的情緒中，或許可以試著包容他人與你的不同，並且不將自己的想法與作法強加諸於人，那麼原先看似困難的事情，也將會變得容易許多。

如何放下過度主觀的評價？

＊得饒人處且饒人。面對他人看似冒犯的舉動，用微笑輕輕帶過吧！舉個例子，你在超市跟著人群排隊結帳，忽然有個中年婦女強插進隊伍最前端。這時你一定會想：「這個女人怎麼這麼沒禮貌！居然插隊。」但那位女士心裡想的卻可能是：「放學時間就要到了，我得快一點，才來得及去接孩子放學。」我們不可能明白別人真正的難處。如果可以等待的話，稍微包容她一下又何妨？

＊不任意批評他人的想法。每個人都有自己獨特的觀點，其中肯定會有你不認同的部份。但你不認同，並不代表這個想法不可行。何不放寬心，嘗試接納他人的想法呢？

以寬容與協助對待他人的錯誤

一對老夫妻退休後，就搬到郊區的小屋過著愜意的生活。小屋前有一小塊空地，夫妻倆閒暇時便在空地上種些小花小草，不久後，這裡便成了老夫妻心愛的繽紛花園。

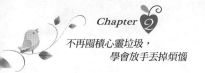

但某天的一場大雨卻毀了這個美麗的小天地。豆大的雨點讓花園旁的小徑到處坑坑洞洞，泥濘不堪，路過的行人於是紛紛從花園中踐踏而過。老夫妻雖然心疼被踩踏的花草，卻沒有責怪路人，甚至連「請勿踐踏花草」的警告標示也沒有擺放。

待雨停歇，老先生隨即外出帶回兩車水泥，平整地鋪在花園旁的小徑上。兒女對父親此舉感到相當驚訝，但老先生卻說：「路人踐踏花草，只是因為雨天小徑積水泥濘，想找條好走一點的路。現在我們鋪好了路，就不必再擔心花園被糟蹋了。」

當發現別人犯了錯，以寬容之心對待，甚至協助他們改正，往往比責罵與教訓更能獲得滿意的結果。因為言語攻擊與傷害只會激發他人自我保護的本能，不僅於事無補，還可能造成反效果。不如鋪一條指引方向的路，讓他人往後不再犯錯，更不會再誤踩你的地雷區。放下情緒，弭平歧見，就從自己打開心門做起！

對他人寬容以待，感到舒坦的卻往往是自己。

捨下沉重的擁有，讓貧困的人們幫你分擔

Let it go and relax yourself.

學生時代時，我曾瞥見有個家境富裕的朋友，每天總要帶著一個裝得鼓鼓的筆袋來上學。

某次我終於忍不住好奇和她借來看，這才發現，裡面竟絕大部分都是同一色系的筆。我忍不住問她：「為什麼要帶這麼多筆，你都用得到嗎？」

她回道：「因為每一支顏色都不太一樣啊！既然不知道什麼時候會用到，就通通帶著啦！」於是，她的包包中每天都裝著那個「看得到、用不到」的沉重筆袋，我看了都覺得重。

當時的我，默默在心中思索，原來「富足」和「負擔」之間，只有一線之隔而已。

擁有太多，反而令人吃不消

幾年前，當時排名全球第三的富豪華倫·巴菲特在美國發表了一封公開信，呼籲其他身價超過十億美元的富豪們，做出至少把一半財產捐給慈善機構的承諾。聞此言，同為首富常勝軍的比

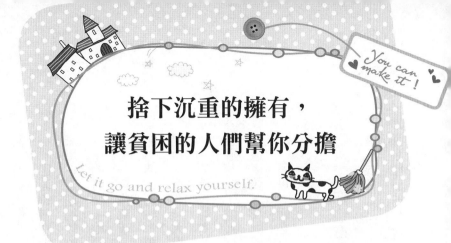

爾．蓋茲夫婦也加入了這個名為「贈與誓言」的倡議勸募計畫。

巴菲特曾在他自己的贈與誓言中提到，有數百萬計的美國人常常犧牲自己一部分的家用，定期捐款給學校、教會等各個機構。但對巴菲特及其家人來說，即使捐出百分之九十的財產，他們也不需要做出任何犧牲。

「有些東西，擁有之後的確能使我更加享受生活；但若是擁有的太多，反而會讓我吃不消。例如，我樂於擁有一架高級私人飛機，卻不會想持有六筆房產，那將會是一種負擔。擁有一大堆財產的人，最後往往會變成這些財產的奴隸。」他這麼說道。

的確，擁有的越多，肩上的負擔就越是沉重。富豪們即使擁有數目可觀的財產，卻也必須為了處理這些財產費盡心思；貧困的人們一無所有，卻能活得輕鬆，不必擔心身後遺產該怎麼處理，不必害怕子孫會因錢財反目成仇。

所以，何必為了那樣的擁有不停追尋？生命，就該少點負擔，輕裝上路更無礙。

其實你也拿不了那麼多

很多人之所以感受不到幸福，是因為他們有太多的欲望，渴望有數不勝數的財富、聲名顯赫的地位、完美無缺的戀人……。然而，渴望越是強烈，幸福感便越少。因為，他們不知道，人的欲望是個永遠無法被滿足的無底洞。

一位相當富有的商人，坐擁無數財產，富可敵國，但鎮日悶悶不樂，除了不斷賺取大量的錢財，他對任何事都沒有興趣。富有的商人為此感到納悶：「我都已經如此富有，為何仍感到人生無趣？」因此他特意拜訪當代的高僧，希望能為自己指點迷津。

高僧聽完商人的陳述後，微微一笑，並未回答，只是請他明日下午再過來一趟，但來之前不能進食，也不能喝水。

商人雖然不明究裡，還是照著做了。隔天下午，他準時來到寺院。

高僧笑著問：「施主，您應該餓壞了吧？」商人邊摸著肚子邊說：「師父，我餓得能吃下一頭牛！」高僧於是說：「施主請隨我來吧！」然後帶著商人走了幾里路，最後停在一片結實纍纍的果園前。

高僧囑咐商人挑了一個最大的布袋，並說：「摘吧！想摘多少就摘多少，若是覺得足夠了，再回到寺院來找我。」說完就離開了。

一直到夕陽西下，商人才背著滿滿一大袋的水果，步伐踉蹌地回到寺院。

高僧吩咐道：「吃吧！想吃多少，就吃多少。」商人又摸著肚子回答說：「我實在吃不下了，從開始摘果子，我就不停的吃，一直吃到現在。」

高僧於是微笑著問：「既然吃不下，何苦要摘那麼多呢？」

直到這一刻，商人才終於醒悟：錢是永遠賺不完的。商人之所以感到自己不幸，是因為他一心只想賺取更多，卻忽略了這早已遠遠超過了自己的需求。

即使我們不是富可敵國的富翁，也往往會有貪婪的時刻，該如何面對不斷增長的欲望，你可以試試以下方法。

如何放下沉重的欲望？

＊不過份追求超過自身需要的東西。錢賺得不多沒關係，夠用就好；手機舊了點沒關係，功能齊全就好；衣服款式不多沒關係，足夠搭配就好。其實，擁有太多東西，反而讓生活空間凌亂不堪，才真的讓人感到非常困擾呢！

＊在力所能及的範圍內，學習付出。付出不一定非得是金錢或物質方面的贈予。例如：每天撥一些看電視的時間，聽聽家人對今日生活的感想；看到馬路上的垃圾，隨手撿起來丟進路旁的垃圾桶；稍微晚一點下班，幫還在加班的同事準備資料，讓他可以早一點回家……。不僅幫助了他人，自己也會獲得許多「不構成負擔」的無形回饋哦！

現代人的步調過於忙碌，因此很容易盲目過活。我們以為無盡的財富就是幸福的象徵，卻又以此為苦，因為這種追求永遠沒有盡頭。其實，無論你擁有多少，都與你是否幸福全然無關。請把用來怨嘆的精力，拿來放在現下正進行的事情上，用心感受每一分鐘，不去思考這麼做是否值得。那麼，這樣的你，就已經能體會到滿分的幸福了。

How to do?
偶爾停下追求的腳步，練習付出，回饋將超乎你的想像！

放棄爭論，用優雅的姿態收服人心

人們在爭執的過程中，通常是各說各話。沒有人喜歡被別人挑毛病，卻總在爭論不下時去挑別人的毛病，因此爭執從來很少以圓滿結局收場，卻會讓雙方吵得面紅耳赤、情緒惡劣。

但是，既然爭不出結果，又何必賠上自己的情緒呢？一旦發現討論的內容不可能有交集，不如乾脆地放棄討論，等待找到溝通出共識的方法時，再討論就好。這樣做，不僅不會和親友撕破臉，還能夠保住我們的好心情，不致於賠了夫人又折兵。

面對八卦流言，最好的回應就是不回應

在某次美國的州議員選舉中，民調顯示現任州議員瓊斯的聲勢如日中天，非常有希望獲得連任。他的對手為了不擇手段贏得選戰，於是放出醜聞給媒體：已婚的瓊斯議員與某女星有染。

當緋聞一上報，即使是空穴來風的消息，還是鬧得滿城風雨。瓊斯議員看到消息後自然是暴跳如雷，更擔心這件事會影響支持率，因此立刻跳出來極力撇清。

往後他只要一有機會，就會在公眾場合頻頻證明自己的清白，反而讓媒體更持續關注緋聞的後續發展，甚至開始挖掘更多他不為人知的醜事。

這場口水戰到了最後，讓原先死忠支持瓊斯的民眾都感到萬分失望，對他說：「如果你確實是清白的，又何必花這麼多力氣去解釋呢？」

可憐的瓊斯議員還沒等到選舉結果出爐，就未選先敗，還辭去現任州議員職務。明明是莫須有的罪名，他卻為此付出了極大的代價。

其實，我們身邊總會不時出現類似的八卦消息，諸如某個已婚男主管跟女職員有曖昧，某個花心的業務又惹上了某部門的誰，或是某上司偏心給愛拍馬屁的員工打高績效……。如果事不關己，聽聽就過了；要是本身就是被八卦的主角，免不了會感到氣惱，因為被人在背後指指點點的滋味，實在令人難受。

但傳聞的性質就是被人拿來說嘴的題材，只要風頭過了，自然會被眾人淡忘。倘若當事人不停解釋，或是向身邊的人不斷訴苦，反而會讓看好戲的好事者更起勁地四處宣揚：「他這麼努力為自己辯解，這其中肯定有鬼。」

所以，面對空穴來風的傳聞或惡意中傷，只要心存正念，手握真理，事情終會水落石出。越想要回應，恰恰代表了你越在意；相反地，如果別人的流言對你都不痛不癢，更可以呈現出你坦然無私的氣度。

畢竟，如果別人說的話，你都要一一往心裡收藏，那麼你的心恐怕早已藏汙納垢，甚至還會被模糊了心志，常常以為別人話中有話，滋生誤會。最好的說法，就是對那些於你不利的言論「冷處理」，待事過境遷，自然真相大白，何必再為自己的人格與事實的真相爭辯，替好事者編織的戲碼又增添一個主角呢？

討論而不爭論，才能有效達到目的

紐約懷德汽車公司的超級業務歐．哈瑞曾因數度推銷失敗，而求助於人際關係學大師戴爾．卡內基。卡內基請哈瑞描述一下他那些推銷失敗的情況。原來，哈瑞總是喜歡跟顧客爭論，只要對方的說法讓他有一點不滿意，甚至挑他產品的毛病，他就硬要爭辯到讓對方啞口無言。

當卡內基點出他這個毛病時，哈瑞也臉紅地承認自己的壞習慣。他說：「每當我走出顧客的辦公室，我總會對自己說：『哈！我總算贏了那傢伙。』但是，即使我在口頭佔了上風，我的產品推銷卻是失敗的。」

令人驚奇的是，在卡內基的指導下，後來的歐．哈瑞竟成了紐約懷德汽車公司的超級業務！原來，哈瑞改變了他對客戶的應對之道。

他分享自己的經驗時說道：「如果我走進顧客的辦公室，對方卻很不給面子地說：『懷德的車，你送我我都不要！何賽汽車才是我的上上之選。』我就會回答：『老闆，您真有眼光，何賽出產的汽車相當不錯，買他們的產品肯定沒錯。』如此對方就不會再說下去了。沒有人有辦法在我同意了他的觀點之後，還不停地說『某某廠牌更好』之類的話吧？

等他不說了，我就會轉移焦點，開始介紹自家產品的優點。

如果是以前的我，聽到這種刻薄的話，老早就會跟他槓上了。但我越是去挑何賽汽車的毛病，對方只會越想說何賽有多好多好。他不可能因為爭論而接受我的觀點，我又何必浪費時間爭執呢？現在我學會閉緊嘴巴，業績也因此成長了。」

固執於堅持自己的想法，硬碰硬地與對方爭論，不但無法獲得對方認同，甚至會因此搞砸了自己原本的目的。

避免爭論，是與人溝通時的重要訣竅之一。例如：哈瑞同意了顧客的觀點，不僅讓對方停止挑釁，還成功推銷了自家的汽車，甚至也不會再受到對方言語攻擊的騷擾，可說是一舉數得。

如何避免與人起爭執？

* 認真地重複一次對方說過的話。這不僅能讓對方認為你有仔細傾聽他說的內容，也可以讓自己重新確認對方的意思，不致於產生誤會。

* 認同對方的觀點。即使他是在挑你毛病、挑釁你，認同他的觀點都能削減他想攻擊你的銳氣。你都已經認同他了，對方通常也會不好意思再多說什麼。

用討論代替爭論，不只可以降低對方的攻擊砲火，自己也不會被激起瞞腔怒火，維持良好的情緒更能幫助你進行有效的溝通。

How to do?
先表示認同對方的想法再溝通，可以避免無謂的爭執。

原諒與被原諒，都是需要練習的

每個人心裡，或多或少都埋藏著一些不願提起的回憶，那可能是一個人，或一件事。受了傷，免不了心中有怨，傷了人，則會心懷愧疚。即使早已事過境遷，物換星移，疼痛的記憶，卻不曾被遺忘。

試想，帶著舊傷的自己前行，其實就已舉步維艱了，如果還一再揭開往日的瘡疤，提醒自己或別人這舊日的傷痕，傷口是不是更難以復原呢？所以，唯有放下，才是療癒傷口的最佳解藥。

報復他人是對自己的二次傷害

如果你會開車，應該也見過這種場景：被按了喇叭或被超車的前車駕駛，一怒之下超到剛才那輛車前阻擋對方，甚至下車罵人。這些激動的駕駛覺得自己被冒犯了：「囂張的傢伙，他是看不起我嗎？混帳！」他們無法容忍犯錯的人，因而起了報復心理，認為自己應該去「懲戒」他人。但我們也知道，這一類報復行動通常相當危險，不僅會引發不必要的衝突，還可能波及周遭的人，因為馬路如虎口，稍有閃失就容易發生車禍。這種十分常見又特別危險的報復行為，被心理學家稱為「馬路暴怒」。

正向心理學的共同創始人塞立格曼，曾在他的著作《真實的快樂》中，提及報復心理潛藏的危險：「滿腦子想著自己被侵犯、想要報復發洩，只會讓自己越來越生氣，也會提高罹患心臟病的機率。」

而且報復心理不只會傷害自己的健康，也可能殃及身旁無辜的人。因為有報復心理的人，會將別人對他的侵犯放在心裡反覆咀嚼，讓微小的傷口擴大成膿瘡。他們不一定會像憤怒的駕駛那樣立刻對當事者發洩，卻會遷怒於毫無關係的第三者，可能是家人、朋友或同事。當然這對其他人而言並不公平，尤其他們大部分是身邊親近你、愛護你的人。若是能適當排解因他人挑釁而升起的負面情緒，不僅能讓自己感覺舒服一些，也能保護別人免於受到負面情緒的傷害。

面對別人無理的對待，我們可以選擇把注意力繼續放在自己的壞情緒和那些引起壞情緒的行為上，不斷讓別人犯錯而生的火苗越燒越旺，讓它持續傷人傷己；也能選擇將注意力轉移到別的事情上，讓壞情緒逐漸遠離。

別再為小事壞了自己與親友的關係，學習放手，讓它徹底離開你的生活吧！

不執著，就能學會原諒

隔鄰的王阿姨前陣子到英國倫敦探望女兒，回來後感觸良多，跟我說了一段她在倫敦的遭遇：

「那天，我帶著女兒上館子，為我們上菜的是一名看似相當年輕，卻手腳笨拙的女服務生。因此每當她端菜來，我都忍不住暗自擔心，是否湯汁會濺到我身上。果然不出所料，當她上某一道濃湯時，一個不小心盤子沒拿穩，濃濃的湯汁頃刻間全淋在我的皮包上。

我心想：這個皮包可是我在義大利買的精品啊！

正要對她大發雷霆之際，女兒卻站了起來。她快步走到嚇得臉色發白的女服務生身邊，拍拍她的肩說：『沒事的，皮包擦乾淨就行了。妳沒受傷吧？』那名女服務生手足無措地看著弄髒的皮包，頻頻說：『真的很對不起，我馬上去拿布來擦！』

沒想到，女兒卻說：『沒關係，你去忙，我們自己處理就好，你不必放在心上。』在女兒柔聲勸慰下，女服務生這才略微鎮定了些，小聲地又道了歉：『真的很對不起。』便低著頭離開了桌旁。

我一肚子火無處發洩，只好轉而瞪向女兒，卻見她有所感觸地眼眶含淚。待情緒稍稍平復後，女兒才道出了事情的原委。

在英國求學期間，在家像千金小姐的女兒，為了體驗當地生活，就過起了兼職打工的日子。她的第一份工作是餐廳的女服務生。沒想到，才第一天上班，女兒就闖禍了。她被分配到廚房清洗成堆的高腳玻璃杯。清洗的過程，女兒始終戰戰兢兢，生怕弄破了杯子。好不容易清洗完畢，手卻不小心滑了一下，所有的酒杯立即『哐啷、哐啷』全摔到地上碎成片片。

這時，女兒當然嚇壞了，卻見領班徐徐向她走來，關心地問：『妳沒事吧？有沒有受傷？』她不僅沒有責怪女兒，還請其他的服務生一起幫忙收拾了滿地的玻璃碎片。

另一次是女兒為客人倒紅酒時，不小心將酒灑在女客人的白色套裝上。原本以為客人會朝她破口大罵，然而，客人卻親切地安慰了女兒：『沒關係的，只是酒漬，很容易就清乾淨了。』便自行走進了洗手間。客人甚至沒有向櫃檯投訴女兒的失誤。

說完，女兒靜靜地看著我，說道：『媽媽，既然別人原諒了您的女兒，您是否也能原諒那個女孩呢？她也是別人的女兒呀……。』」

對他人無心的錯誤，即使無法挽回，也應多一些體諒，因為我們一定也會有犯了錯、希望能求得原諒的時候。原諒，不僅是寬恕他人的過錯，也是坦然接受事實的態度，能令人們受創的心靈真正獲得釋放的唯一辦法。

當錯誤已經發生，即使後來能夠試圖補救，仍然無法改變出錯的現實。我們總以為自己無法原諒的是別人，但實際上卻是否定了自己的心胸。所以，證嚴法師才會這麼說：「原諒別人，就是善待自己。」練習原諒，將別人犯錯的記憶趕出你的內心，同時也接納自己曾經做過的錯誤抉擇。因為原諒別人，就是原諒自己。

如何做到真正的原諒？

＊如果你曾經傷害了某個人，卻沒能道歉，請為了自己付諸行動，去向他道歉吧！如果你早已表達了歉意，卻還將錯誤記掛於心，請對自己說：「即使無法彌補錯誤，我仍然盡力了，所以現在，我可以放下了。」

＊沒有人在他生命終結的時候會想：「我希望憤怒更久一點」，他們通常只會說三件事：「對不起」、「我原諒你」，或是「我愛你」。

＊回想一個曾經深深傷害了你的人，他做了哪些事讓你心痛不已？深呼吸一口氣，下定決心讓自己原諒他。

我曾在某本書中讀過一段關於「原諒」的解釋：「原諒絕非是一種感覺。原諒是一項抉擇，一種選擇不以自我為中心的態度。」原諒是一個我們能以自主意識判斷的理性選擇。若是我們能以客觀的立場對待錯誤，就會讓困難的選擇也變得簡單一些。

印度哲人甘地曾說：「弱者永遠不會原諒，原諒是屬於強者的權力。」打開你的心胸，勇敢地給自己也給別人一個被寬恕的機會，這就是強者的作為。

How to do?
原諒別人的當下，我們也寬恕了自己。

心情不好，就乾脆地割捨「讓心情變好」的念頭

Let it go and relax yourself.

有時候，我們就是明顯地沉浸在不快樂的情緒中。可能是因為身體不適，也可能因為心裡有事，還有可能是連自己都搞不清楚所為何來的莫名失落。即使我們試圖振作，以回應朋友與家人關切的詢問，但還是無法發自內心地感到好過一些，甚至還會為此更加沮喪。到底心情不好的時候，我們該怎麼辦？

答案其實很簡單——既然一時無法好轉，不如直接放下「要讓心情好起來」的念頭吧！

不用勉強讓心情變好，去找點事做吧！

你有沒有明明情緒很糟糕，一旦忙碌起來，就全忘了自己其實心情不好的經驗呢？當我們專注於手上的工作，情緒的問題就會很輕易地被拋到九霄雲外。這也是為什麼許多心理醫生提倡「運動能舒緩情緒壓力」的原因。

在運動的時候，我們必須將注意力放在手腳的協調與平衡上，並隨時注意周邊環境的狀況，因此無法同時顧及自己的情

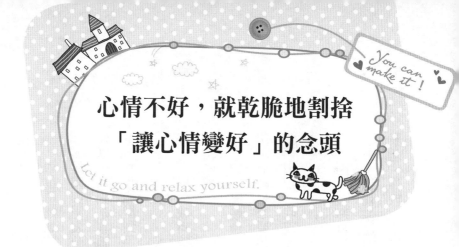

緒。當注意力轉移，壓力自然就減輕了，而累積的情緒也會跟著漸漸消散。

一位遭逢感情問題、心情十分沮喪的年輕女孩曾來找我諮詢。她剛與男友分手，正處於嚴重的低潮中，即使一直想讓自己快快好起來，但不管做什麼，都只是讓她感到更加憂鬱。女孩一臉痛苦地告訴我：「我真的很想趕快走出來。有時候我能辦到，但大多數的時候，無論怎麼努力，我就是做不到……。」

我建議她，當發現自己心情低落時，可以試著對自己說：「嗯！我現在就是心情不好，那麼，我可以做些什麼呢？」把焦點放在現在能進行的事，而不是該做什麼才能讓情緒好轉。

如果怎麼做都無法讓心情變好，那是因為你太過執著「一定要讓心情變好」的想法，但越是想要讓心情變輕鬆，卻往往讓情緒越來越糟糕。

請把「我現在情緒不佳」或「我現在覺得很難過」看作一個正常的狀態，試想：在這樣的心情下，自己想做哪些事情，接著付諸行動就可以了。

因為喜怒哀樂是人之常情，如果因為自己稍稍出現了負面的情緒，就想快速地壓制下去，那就像逼迫很想放聲大笑的人不能笑出聲來一樣難受。悲傷、難受的情緒也需要表達、釋放，所以，去找一個讓你在「不快樂」的時候想從事的活動是非常重要的，它是能否帶你從「不快樂」過渡到「快樂」的關鍵！如果你找到了，就把這個活動變成扭轉心情的「心理暗示」，這無疑是為情緒找到一個發洩的出口，也還給自己一個健康的自我。

靜下來，聽聽心裡的聲音

因為喜愛旅行，我有過數次在野外露營的經驗。某次幾個好友相約至大雪山遊玩，在一處停車場附近紮營。白天的時候，不時會有車輛經過那裡，因此經常聽到不少人聲與車聲。然而到了晚上，象徵都市文明的聲音逐漸沉寂，大自然的聲音就浮現了。風吹過樹梢沙沙的聲音、蟲兒吱吱鳴叫的聲音、鳥兒咕咕啼叫的聲音……，沒有人說話，大家只是極有默契地靜默著，聆聽這首由整個大自然擔綱演奏的交響曲。

心的聲音也是如此，當你讓自己沉靜下來，不用多久你就會發現，唯有讓自己安靜，心的低語才會逐漸清晰。請你仔細聆聽，因為所有讓你感到困惑不安的問題，它都能為你做出正確的解答。

如果我們沒時間去大自然聆聽心語，平時該怎麼做，才能讓自己真正靜下來呢？

或許打坐是一個不錯的選擇。你可以利用禪修的方式，席地盤腿而坐，也可以單純地坐在椅子上，讓自己安靜幾分鐘。但必須注意的是，靜坐時姿勢必須端正，不能懶懶散散、身體歪斜地「躺」在沙發上。坐姿不端正不僅容易疲累，過於閒散的姿勢也容易睡著，無法達到靜坐的效果。

另一種方式，則是寫日記。寫日記不僅具有讓自己平靜的效果，也能與自己的內在進行對話。有些話我們可能無法說出口，但透過書寫，卻能誠實表達心中真正的想法。你可以準備一本方便收藏的小冊子，把自己的所思所想如實記錄下來。

心情不好該怎麼辦？

* 「人嘛！心情難免會起起伏伏」，如果有這樣的認知，就比較容易接受自己一定會有心情不好的時候，所謂「心隨境轉」，雖然現在很難受，不過待會兒就會轉好。這種認知也比較符合現實。
* 只要別讓事情繼續變糟就好，而不是只想著怎麼讓事情變好。我們每天都有一定的事物要處理，儘管心情不好也沒有特權可以全然豁免，所以還是要把心思放在眼前的事物上，至少別讓情況更惡化！給自己一點時間，心情自然會「止跌回升」。

當遇到身體或心靈上一直無法擺脫低潮的困境，不必急著逼迫自己一定要盡快好轉，只需讓自己從不舒適的心裡狀態暫時轉移，並在平靜下來後，嘗試探索自己的內在，就能解決眼下最迫切的情緒問題。

How to do?
放下非得讓心情變好的念頭，去找找哪些現在想做的事吧！

想要避免煩惱堆積，

就必須在出現負面思考時，立即處理乾淨。

因此，經常關注內心感受，不時放鬆與紓壓，

就能讓壞情緒通通掃光光！

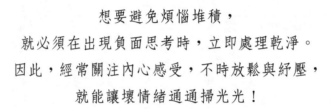

Chapter 3

避免不好的意念滋生，你需要經常清潔去污

你是個情緒化情人嗎？

心靈雜物搜查線

一群好友相約去ＫＴＶ唱歌聚餐。ＫＴＶ提供自助式餐飲讓來賓自由取用，當包廂裡的朋友正開心的點歌，熱心的你便想先去幫忙端些食物。看到ＫＴＶ提供了各種飲食，你會優先選擇哪一樣端給大家呢？

Ⓐ．手工餅乾、杯子蛋糕等等的小甜點
Ⓑ．豬肉乾、薯條等等的零食
Ⓒ．義大利通心麵與披薩
Ⓓ．豆干、海帶、百頁豆腐等等的滷味

結果分析

Ⓐ手工餅乾、杯子蛋糕等等的小甜點

「晴時多雲偶陣雨」的性格就是在形容你這種人。你的情緒如同股市般瞬息萬變，可能這一秒還開開心心，下一秒整張臉就垮了下來，落差極大的情緒會讓你的情人相當辛苦。他不但要隨時察言觀色，發現你神色有異就要立刻想辦法安撫你，承接你的情緒垃圾，有時甚至不得不成為你的出氣筒。建議你應該多多體諒情人，適時控制自己，才不會讓過激的情緒導致親密關係出現裂痕。

Ⓑ豬肉乾、薯條等等的零食

你的情緒一向十分穩定，不會讓太多喜怒哀樂表現出來。要是遇上情緒低谷，你也會找到自己的方式，例如：散散步、聽聽音樂等等，來幫助自己排解心裡的負面情緒。因此身為你的情人，不需要在溝通情緒議題上花費太多心思，但若是他能夠更貼心，低潮時陪你去逛逛街、吃吃東西，幫你轉移注意力，就能更快恢復好心情。

Ⓒ義大利通心麵與披薩

你是標準地憑感覺過生活的人。平日裡你與大家都相安無事，但要是你的情緒一來，就如同狂風暴雨，周圍的親朋好友無不遭殃，你的親密愛人更是首當其衝。如果他的手上正好有事在忙，無暇顧及你的心情問題，你就會鬧得天翻地覆，直到他放下手邊工作，用全副的精神來安慰你，你才會感覺他是愛你的。建議你出現負面情緒的時候，先嘗試其他能夠協助你舒緩情緒的方法，才不會讓情人肩上的負擔過於沉重，畢竟人總有許多事情要處理，他一時沒辦法理你，並不代表他的心裡沒有你。

Ⓓ豆干、海帶、百頁豆腐等等的滷味

你是個相當理性的人，平時都能夠很好的管理自己的情緒，因此不容易有太大的情緒起伏。關於戀愛的大小事，你都會選擇和情人理性溝通，避免激烈的爭吵。但如果情人戳到你的死穴——做出劈腿、偷吃等惡劣行為，被欺騙的感受才會讓你忍無可忍，大發雷霆，此刻情人才意識到原來你也有如此歇斯底里、情緒化的一面。

放下還不夠，你必須讓心靈垃圾車開走

You can make it!

Let it go and relax yourself.

你是否常被別人的舉動破壞了一天的好心情？不遵守交通規則的駕駛、沒有公德心的鄰居、無禮的同事、總是擺著臭臉的上司……等等，因此你可能心生不滿，更有可能再製造更多的情緒垃圾，隨意亂倒給別人。

我們無法避免與人接觸，也很難不受到他人影響，但要不要接收別人的情緒垃圾，或者自己是否要製造情緒垃圾，卻是由我們自己決定，而這也是我們是否能脫離煩惱生活的關鍵之一。

直接忽略攻擊，自然就沒有防衛的必要

「如果你想罵人卻又不想讓他知道你在罵他，用他聽不懂的語言罵就對了！」這是兒時不知從哪裡得知的「罵人技巧」，初聽到時覺得非常好笑，因此就這麼記了下來。

這個技巧背後其實大有學問：如果你對他人的攻擊沒有感覺，自然就不會想要防衛。我們聽不懂別人的謾罵，就不會覺得別人在罵自己，也不會產生想要對抗、感到不舒服的情緒。但通

常我們都對攻擊十分敏銳，甚至有許多人會主動想像攻擊是朝自己而來，不僅立刻準備防禦，還一邊思索著應該要如何反擊。當你去承接別人倒過來的情緒垃圾，這意謂著你必須花力氣處理它，甚至可能因此製造更多的問題。

要是你一開始就拒絕接收，那麼你不僅不需要處理它，更不用忍受它的垃圾臭味。消耗精力處理別人製造的垃圾，不僅浪費力氣，你還無法去做更多有意義的事情。

證嚴法師曾說：「嘴巴不好，心地再好也不能算是好人。」所以在拒絕別人的情緒垃圾的同時，也要避免自己亂倒垃圾。

不回擊，讓承載情緒的垃圾車自己開走

當年傑基．羅賓森進入美國職棒大聯盟，代表布魯克林道奇隊上場比賽，在職棒界引起不小的騷動。這個事件更被視為是美國近代民族運動史上的重要事件之一。

傑基．羅賓森是美國職棒大聯盟的第一位黑人球員。儘管當時種族隔離政策已經廢除許久，種族歧視的意識依然普遍存在於各個角落。職棒運動也是如此，在此事件發生之前，黑人球員只被允許在黑人聯盟打球。

一九四五年，道奇隊總經理布蘭奇．瑞基簽下羅賓森，將其帶入大聯盟，改寫了美

國職棒歷史，他本人稱這為「棒球的最佳實驗」。因為瑞基認為羅賓森具有專注於自己的目標，並堅持到底的強人特質，值得投資，而羅賓森果然也不負所望。

起初，在羅賓森進入球隊時便遭遇極不友善的對待，其中包括：被球迷嘲弄、其他球員對他視而不見，還有飯店拒絕讓他在巡迴比賽期間入住，甚至還被匿名信恐嚇攻擊。但羅賓森不為所動，依然認真打球。

這種處世態度，使羅賓森一九五六年自大聯盟退役以前，不僅成為一名絕佳的打者與防守者，更締造了多項優異的紀錄，期間獲得了ＭＶＰ、新人王、參與世界大賽等等多項榮譽。

羅賓森的成功，源自於他全神貫注於自身目標的篤定信念，對外界的聲浪毫不反擊，但這並不表示他就此接受別人的否定。他只是讓那些惡意的攻擊擦身而過，並把完成目標當做最優先的事。

法國劇作家莫里哀曾說：「智者超然於任何侮辱之外，耐性和自制是對付不當行為最好的回應。」

如果你有亟待完成的目標與理想，就別讓他人阻礙你，全心全意地達成使命。回想一下，最近你曾接收了哪些人的情緒垃圾？這些垃圾又對你造成什麼影響？接著，你可以試著做看看這樣的練習：

如何清理讓自己感到不舒服的情緒？

* 每週至少一次，拒收他人的情緒垃圾，讓它自動從你身旁離開。
* 每週至少一次制止自己往別人身上倒情緒垃圾，並且自己把垃圾拿去丟掉。
* 把施行後的感受寫下來，在新的一週開始前，拿出來重新溫習，並在下一週再進行一次相同的練習。

當然，這件事情一開始會有點困難，畢竟要去原諒別人的情緒性行為並不是件易事。但比起心有不甘，你還有更重要的事——你的目標，並且維持良好情緒，讓自己過上自由自在的生活。請把這當成你的首要任務，其他的事就揮揮手讓它自生自滅吧！

How to do?
把完成目標當成生命中的首要選項，那麼任何事都影響不了你的心情。

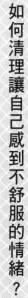

消滅「憤怒」！拒絕變成情緒暴走族

在許多小吃店和餐廳，都曾張貼一首有趣又有哲理的〈莫生氣〉詩，或許你也曾瞥見過，卻不曾細閱，其中有幾句寫到：「為了小事發脾氣，回頭想想又何必。別人生氣我不氣，氣出病來無人替。我若氣死誰如意，況且傷神又費力。」

其實，為小事生氣，不值得；為大事生氣，還不如把力氣拿去解決問題。你可能會說，情緒也需要宣洩的出口，不能太過壓抑。但是，我們經常很難抑制傾洩而出的憤怒，還可能讓情況更加惡劣，造成無法挽回的後果。因憤怒造成的傷害，事後才來後悔與道歉，通常為時已晚。

還記得求學時，自己曾因為考試成績不佳而心情惡劣，返家後在母親叨叨絮絮地關切時，我忍不住朝母親大吼：「妳可不可以不要煩我！」雖然當時我立刻驚覺自己失控的行為，而向母親道歉，但母親那受傷的神情，至今仍深刻地印在我的腦海裡。這也成了我爾後致力於研究情緒管理的契機之一。

若能學會掌控自我的情緒，就可避免因衝突而造成的遺憾屢次發生。

何必吸入他人「廢氣」傷身體

從前，有位婦人經常因小事就大發脾氣，她也明白這樣對自己沒有好處，便去拜訪當地的高士不瞋法師，向他請教控制脾氣的方法。

不瞋法師聽完她的困擾後，領她到一間禪房，就上鎖離開。婦人見法師竟把自己鎖在禪房裡，頓時怒火攻心，不禁朝房外破口大罵。但法師不予理會，逕自離去。

過了一小時，不瞋法師來到禪房外，問婦人：「妳現在還生氣嗎？」

婦人回答：「我只生自己的氣，為什麼要來這裡活受罪？」

「一個連自己都無法原諒的人，如何能做到心如止水？」說完，法師便拂袖而去。

一段時間後，不瞋法師站在門外，再度詢問婦人：「妳現在還生氣嗎？」

婦人說：「已經不生氣了。」

「為什麼呢？」法師問道。

婦人於是說：「因為就算再怎麼生氣，也沒有辦法呀！」

「看來妳只是將氣暫時壓在心底，並沒有化解，一旦爆發了還會更加憤怒。」不瞋法師說完，便又走離禪房。

當法師第三度來到門外，婦人告訴他：「我已經不生氣了，因為沒有什麼事情值得我生氣。」

然而不瞋法師卻說：「還明白值不值得，可見還有衡量計較之心。」語畢，仍然不理會婦人的無奈，轉身離開。

當不瞋法師再次立於禪房之外時，他身影已被夕陽拉得好長好長。

婦人問他：「法師，氣是什麼呢？」法師笑而不答，只是把手中的茶水潑灑於地。婦人見此情景，尋思良久，猛然醒悟，當即叩謝而去。

氣是什麼？就是他人吐出來而你卻吸進肺裡的東西。

當你留在原地繼續吸取別人的惡氣，怒氣自然會上升；若你走開，不去理睬，氣也就無法再影響你。

美國著名思想家愛默生曾說：「發怒一分鐘，就失去六十秒的幸福。」沒有人會認為自己氣得面紅耳赤時是幸福的。既然生氣使人不幸又傷身，成天發脾氣，便是自己為難自己了。

要生活，不要生氣

德高望重的不瞋法師經常專注於講經弘法，平日裡唯一的嗜好便是繪畫，從植物、動物、風景到莊嚴的佛像，都能成為他畫中的題材。因此在不瞋法師主持的禪寺內，不時可見牆壁上裝飾著歷來的繪畫作品。

某天，不瞋法師因事必須遠行，便交代弟子在這段期間代為管理寺院。然而有天某位弟子在打掃法師的禪房時，不小心滑了一跤，撞倒了打掃使用的水桶，桶裡的水立刻潑濺到一幅尚未完成的畫作。當墨跡一接觸到了水，立即暈染開來，因此整幅畫到處都是水漬斑斑，簡直可說是慘不忍睹。

聞此，弟子們全都嚇壞了，心想師父回來後不知會有多麼震怒，便商討著該如何向師父請罪領罰。

然而，不瞋法師回來後得知了這件事，不但不生氣，還反過來安慰弟子：「我畫畫的目的，一是能夠怡情養性，二來也是為了點綴寺廟，而不是為了生氣。」

時常回想自己最初的目的：「我不是為了生氣才這麼做的。」你就會發現，其實根本沒有這麼多莫名的脾氣，一旦你自己不喜製造衝突，別人自然不會惡意波及你。

如何讓自己避免衝動發怒？

＊首先，用力地深呼吸三次，讓血液為大腦輸送新鮮的氧氣，幫助自己鎮靜下來。

＊再來，問問自己：「到底在生什麼氣？」先弄清楚生氣的對象與目的。

＊再接著問自己：「為這件事如此生氣，值得嗎？」

＊最後一個問題是：「除了生氣之外，有沒有其他更好的解決方法？」

＊事不宜遲，其實你沒有生氣的時間，快去著手進行那更好的解決方法吧！

雖然緩和情緒無法即刻解決問題，至少不會因為衝動行事而在事過境遷之後悔不當初。當壞情緒瀕臨潰堤前，停一停，忍一忍，先思考原先的初衷，擁有好ＥＱ，其實一點也不難！

How to do?
一旦你自己不喜製造衝突，別人自然不會惡意波及你。

消滅「貪心」！要得太多你也用不到

一位貪心的老先生，無論何時都要穿比自己的腳大兩碼的鞋，並且總是抱怨鞋子不合腳。

兒女們就問他：「既然這樣，為什麼不買大小合適的鞋呢？」他卻回答：「價錢都一樣啊！幹嘛不買大一點？」

在老先生心裡，用相同的價格卻可以買到更多的「布料」，這無疑是佔了便宜，但要是根本用不到，這些多出來的「布料」不就形同「廢料」了嗎？如此貪婪的結果，換回一堆不合用的東西，反而給自己帶來麻煩，徒增了許多困擾。

老先生的行為只是我們愛貪小便宜性格的一種縮影。節儉是一種美德，但如果為此扭曲了自我的性格，變得愛斤斤計較，久而久之就會內化成惡習，在人我關係中築起一道對物質過分重視的隔閡，更分裂了無價的情誼，因此不可不慎。

人總在貪婪中迷失自我

寧靜的山莊裡住了一對老夫妻，十幾年來一直恩恩愛愛，不

曾吵架。老爺爺為了維持家計，每天都拎著飯盒到山裡砍柴，午餐吃自己帶的饅頭，若是渴了就汲取山泉水飲用。

長此以往下，老奶奶發現老爺爺居然越變越年輕，深感疑惑之際，便連忙跑去詢問村裡的智者。原來，老爺爺常喝的泉水，源自山中的「青春之泉」，能令人逆齡回春。

老奶奶聞後，心想：「竟有這種事！我已經不再年輕了，一定要盡快找到『青春之泉』，否則老頭以後一定會嫌棄我的！」於是，她直奔「青春之泉」。為了讓自己變得更年輕，老奶奶一壺又一壺地喝下泉水，直到飽脹不已。

沒想到，老奶奶出門後，直到那天深夜都沒有回家。老爺爺因此十分緊張，聯合了村裡的人，打著燈籠滿山遍野地尋找。當搜尋的隊伍途經「青春之泉」時，突然聽到嬰兒的哭聲，循線發現了老奶奶的衣服，而衣服裡竟包裹著一個女嬰。老爺爺一看就知道，那是自己的太太。

老奶奶尋找青春之泉的目的，難道真的是為了讓自己更年輕嗎？

肯定不是。她只是害怕失去老爺爺的愛情，因而希望更快恢復年輕，好留住老爺爺的心。愛才是老奶奶最終的目的，但她卻在青春的魔力中迷失了自己。

人們經常在貪婪中忘卻初衷。我們以為正在追尋的就是自己所要的，以為自己一直走在正確的道路上，卻在不知不覺中偏離了方向。有人為了養家活口拚命賺錢，最後卻妻離子散；有人為了維繫愛情瘋狂追求，卻讓愛人的心遠離了自己；到吃到飽的餐廳原是為了填飽肚子，但卻擔心沒吃到「划算」，而讓自己腸胃不適。

其實，如果無法達成目的、到達彼岸，汲汲營營地追求便沒有任何意義，不過是讓自己在欲求之海載浮載沉、浪費時光而已。

貪心到頭只是白費工夫

一位富翁的小狗在外出散步時走失了。與愛狗情同家人的富翁馬上在各大媒體上發佈了尋狗啟事，並承諾將答謝對方一萬元的獎金。

啟事發佈後，自稱找到小狗而登門拜訪的人絡繹不絕，卻都是濫竽充數。思狗心切的富翁太太說：「那可是一隻血統純正的愛爾蘭名犬呢！一定是撿到狗的人嫌棄賞金太少，才遲遲不肯將狗送還給我們。」於是富翁又把賞金提高到兩萬元。

後來，這隻狗在公園裡被一個乞丐發現了，當他知道送還小狗可以獲得兩萬元時喜出望外，第二天就想抱著小狗準備去領賞。沒想到在前往富翁家的路上，他又看到電視牆上正播放著那則尋狗啟事，但這時賞金卻提高到了三萬元。

「賞金增加的速度還真快，這隻狗到底值多少錢呢？」乞丐想了想，立刻改變主意把狗又抱回他的破屋，等著看賞金增值。隔天，賞金果然如他預料中的又增加了。於是接連幾天，乞丐都守著電視牆，看著賞金不斷提高。

當賞金增加到令全城百姓都感到吃驚的程度時，乞丐正準備將狗送還，卻發現那隻狗已經餓死了。原來，這隻狗在富翁家裡吃的都是新鮮的牛奶和牛肉，對於乞丐從垃圾桶裡撿來的食物完全食不下嚥。

富翁以為錢能夠解決所有的事情，而乞丐則因為貪圖更多的金錢，最後瞎忙了一場，落得兩頭空。那位原本生活自在的乞丐，卻為了抱狗領賞，天天死盯著電視牆；狗死了，他領不到賞，更是哀嘆連連。這麼說來，乞丐撿到狗，到底是幸或不幸呢？

小仲馬在名劇《茶花女》中曾寫道：「金錢是好僕人，壞主人。」財富是為了讓生活更舒適，如果為了謀取更多的財富而盲目追求，動搖了原本平靜安適的生活，不僅得不到快樂，反而因此受制於財富。

現代的社會，尤其身在台灣，我們何其有幸能生活得不虞匱乏，卻也因此容易遺忘生活原本的目的，讓無形的貪婪控制了自己。單純的節制並不能幫助我們脫離苦海，唯有時時謹記初衷，才能不被貪欲迷惑。

如何克制自己過度的欲求？

* 事先記錄每次逐夢的目的。例如：為全家旅遊而作的投資已達預先設定的目標金額，就可以收手了。別為了一時貪欲而賠掉原本的目標。
* 再舉一個常見的反例：我們購物，是有需要才買，並非因為便宜而拚命囤積。把「未雨稠繆」當成衝動購物的免罪符，不僅用不完，還佔據了家裡的收納空間，反而無法凸顯真正的需求。

少一分欲望，就少了一分愁苦，不愁，生活自然輕鬆許多。與其拚命往前邁進，我們還不如退後一小步，反而是海闊天空。從凡塵俗世的浮華中脫離出來，讓已然疲憊的身心稍作停泊，才能真切地感受到生命的價值。

How to do?

謹記每次逐夢的初衷，就能避免落入貪婪的陷阱。

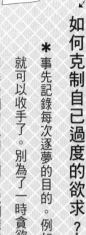

消滅「抱怨」！改變從自己做起

You can make it!
Let it go and relax yourself.

微軟公司的創辦人比爾．蓋茲曾說：「生活從來不是公平的，你要學會去適應它。」抱怨是自己進步的最大敵人，一味地抱怨無法幫助你解決任何問題，只會讓負面的情緒不斷累積。

人生不可能一帆風順，有高峰，也一定會有低谷；若你處在低潮，不督促自己往前走，就不會有到達頂峰的一天。

無須羨慕別人的成功，也別為自己的失敗尋找藉口，把自怨自艾的時間拿來努力，成功才會離你更近一點。

讓你不幸的人，其實是你自己

有隻烏鴉打算遷移到南方。半途中，牠停在樹上稍事休息。此時，有隻鴿子飛到牠身邊停了下來，彼此便聊起來。

鴿子問烏鴉：「為什麼你會想離開這裡呢？」

烏鴉嘆了口氣，恨恨地說：「我也不想離開自己熟悉的地方呀！但是這裡的居民全都不歡迎我。他們討厭我的叫聲，每次只要看到我就不停驅趕，甚至拿小石頭丟我，所以我才想離開這裡，到其他地方去尋找新的生活。」

鴿子聽了，略微思索一番，便由衷地建議牠：「烏鴉啊！你這樣做根本沒有用的。如果你不想辦法改變自己的聲音，不論飛到哪裡，人們都不會歡迎你的。」

沒有人是天生的幸運兒，面對坎坷，與其抱怨命運的不公平，哀嘆上帝捉弄了自己，不如正視自我，冷靜地剖析自己後，尋求進步的方法。

美國著名的人際關係學大師戴爾．卡內基曾在他的書中提起，他有一個「我曾做過的傻事」檔案夾，裡面留存了所有他做過的傻事的書面記錄，也包括了別人對他的批評。每當他將那些檔案重讀一次，就會再一次發現，幾乎所有的不幸，我們都應歸咎於自己，「除了我自己，再沒有別人。」他如此警醒自己。

拿破崙遭流放之後，也曾經說過：「除了我之外，沒有人應該為我的失敗負責。我是自己最大的敵人，也是不幸命運的起因。」不幸是自己造成的，怨不得別人；但換個角度來想，幸運肯定也只有自己能成就。既然如此，又有什麼好抱怨的呢？

成功的人不會怨天尤人，因為他們懂得事情的發展操之在己。別把精力浪費在沒有任何意義的抱怨上，那不但會使你成為一個不受歡迎的人，還會讓自己的意志更加消沉。我們不可能掌控自己出生的環境，但不管你來自哪裡、過去曾遭遇了什麼，都不會成為人生的重點。真正重要的是，你該如何為所處的現狀做出努力。

唯有改變自己的態度，聚焦努力，就是對困難與逆境最有力的回擊！

把抱怨化為實際的動力，君子報仇十年不晚

在貿易公司上班的茱莉，對自己目前的待遇十分不滿意。她進公司已滿一年，雖然沒有太出色的業績，但對工作盡心盡力，也沒出過什麼差錯，然而薪資卻比同期的同事要少得多。

下班後，茱莉跑去找好友訴苦：「憑什麼我得接受這樣的待遇！那個混蛋老闆一點也不把我放在眼裡，完全不重視我。哪天我受不了了，一定會馬上遞辭呈！」

好友聽了她的抱怨，便問：「工作了一年，妳對貿易公司的業務完全清楚了嗎？對做國際貿易的訣竅妳都弄懂了嗎？」

「當然沒有啦！」茱莉回答，有些詫異好友竟會這麼問。

「君子報仇十年不晚，我建議妳把公司當成支付你薪水，還提供學習機會的寶地。等你摸透了相關領域的專才，再一走了之，不是既出了口氣，又得到許多收穫嗎？」

茱莉聽從了這位好友的建議。她從此不再計較老闆如何對待自己，而是利用所有的

時間，想盡辦法熟悉公司所有相關的業務，因此經常可以看到她下班之後，還留在辦公室鑽研各種貿易實務。

又過了一年，好友見她春風滿面，於是問到：「妳已經將該學的都學會了吧？何時準備拍桌走人？」

茱莉不好意思地笑道：「我發現最近半年，老闆對我的態度好像改變了；不但委以重任，還升職又加薪，現在我的薪資已是部門中最高的了！」

最初老闆之所以不重視茱莉，是因為她能力不足，卻又不努力學習，縱使沒有犯錯，同樣也沒有任何特出的貢獻。而經過她一年的努力，提升自我，足以擔當重任，自然老闆會對她另眼相看，升職與加薪也不再是問題。

比利時有句俗諺：「舞跳不好的人，總是抱怨自己的鞋子。」但能歌善舞的人，即使沒有鞋子，仍能化作翩翩彩蝶。

在工作中，不要抱怨老闆或上司對你不公平；在生活中，也不要抱怨上天不青睞你。如果你希望改變別人對你的態度，改變自己是唯一的辦法；想得到別人的肯定，就要靠自己的力量，練就真正的實力，才能夠證明自己。

如何避免無端的抱怨？

* 停止朝別人亂扔你製造的抱怨垃圾，在抱怨的話出口前練習煞車。
* 即使錯不在你，抱怨也不會讓情況變好。請記得：「因為有逆境存在，我們才有機會學習把逆境轉為順境的方法，這就是進步的最好時機。」
* 所有的事情都要先從自己做起。因為改變自己，永遠比改變別人和環境要簡單得多！

當我們遭遇不公平的待遇時，心裡難免有不平之怨，但採取消極對抗的行為，只會讓你持續壓抑情緒也逃避問題，根本沒有任何實質的幫助。與其每天都怨聲載道，不如把抱怨、評論他人的時間拿來充實自己。千萬別忘記，只有你擁有改變命運的能力。困境將成為自己的絆腳石，還是墊腳石，就看你是否能放下「愛抱怨」的陋習了！

How to do?
停止抱怨，也別讓他人引誘你抱怨，遠離所有烏煙瘴氣的是非之地。

消滅「誤解」！
以親切笑容化解誤會

Let it go and relax yourself.

查理．卓別林是世界著名的喜劇演員，他的幽默風格至今仍讓許多人印象深刻。

某次，卓別林正準備要登台演出，一位熱心的觀眾忽然叫住他：「卓別林先生，你的上衣鈕扣忘記扣上了。」

卓別林愣了一下，連忙向那位觀眾表示感謝，並將鈕扣別好。但當觀眾離開後，他又悄悄地把鈕扣解開。一位記者碰巧看到了這一幕，於是問卓別林：「您何必這麼做呢？」

卓別林答道：「在這場戲中我要扮演一位長途跋涉的工人，將鈕扣鬆開，更可以表現出他舟車勞頓的辛苦，也會給觀眾留下生動的印象。但即使是誤會一場，對於別人善意的提醒，我仍應該以感謝的態度給予回報與尊重。」

如果卓別林直截了當地告訴觀眾真實的考量，或許會讓那位觀眾下不了台，甚至面子掛不住因而惱羞成怒。

雖然只是一個小動作，卻化解了一場可能有的紛爭。生活中，我們不乏遇到遭人誤解的時候，也並非每次都能夠順利澄清。當下的難受與委屈自是旁人所無法體會，但並不需要為此耿耿於懷，因為事情的真相只有一個，清者自清，濁者自濁，時間會替你證明一切。

給他人一個下臺階的機會

從前有位潛心修行、道德高尚的聖者，鄉里居民都尊稱他為白隱禪師。

禪師所住的村子裡，有戶人家家中有個正值花樣年華的美麗女孩。某天，女孩的父母發現自己未出嫁的女兒竟有了身孕，一時怒不可遏，不斷逼問女孩：「這到底是誰的孩子？」

女孩起初不肯承認，最後情急之下才脫口而出：「是白隱禪師的孩子！」那對夫妻立刻怒氣沖沖的跑去找禪師理論，然而禪師並沒有為自己辯解，只淡淡的回了一句：「是這樣嗎？」

這個消息立刻就在鄰里間傳開了。此後街上的路人無不對白隱禪師指指點點，但禪師不以為意；而當孩子出生後，他人更是變本加厲地指責與冷嘲熱諷。儘管已經如此聲名狼藉，禪師依舊維持一貫坦然的態度，還無微不至地照顧孩子。

過了一年，女孩受不了良心譴責，終於向父母吐露實情：「孩子的父親，其實是住在隔壁村裡的年輕人。」

聞此，女孩的父母大驚失色，連忙帶著女孩前去向禪師道歉。禪師聽完事情的始末，仍是淡淡地回了一句：「是這樣嗎？」彷彿什麼事也沒發生過一樣。

白隱禪師面對鄰人如此天外飛來一筆的指控，不僅沒有發怒生氣，更沒有為自己開脫罪名，而是泰然處之，還細心的照顧了那個與自己無關的孩子。如果禪師一開始便據理力爭，不僅可能越描越黑，甚至會使事態一發不可收拾。

遭遇無法化解的誤會，我們可以選擇冒著兩敗俱傷的風險極力爭取，也可以選擇寬容與體諒，給對方與自己一個下臺階的機會，事情反而可能出現轉機。

每個人的價值觀都不盡相同，誤會也是在所難免，正因為我們明白被誤解的苦楚與誤解別人的難堪，除了要避免從片面的角度去評斷，也應該用同理心對待他人。因為，你一定也會有犯下相似錯誤，期待他人能夠原諒你的時候。

以微笑化解爭執

有句話叫「一笑泯恩仇」，微笑的確具有極大的力量，有時甚至能超越憤怒，讓人與人之間的摩擦在頃刻間溶解。

在中國安徽省的九華山有座甘露寺，寺內供奉的彌勒佛旁懸掛著一副對聯：「大肚能容，了卻人間多少事；滿腔歡喜，笑開天下古今仇。」

眾人熟知的彌勒佛形象，身體肥胖、袒胸露腹、笑口常開，人們見他就滿心歡喜，縱使有再多憂愁，也會煙消雲散。彌勒佛笑看天下事，用大肚包容仇恨，以笑容感化世人，也教會了我們善用智慧與微笑來處理爭執，不虧是人人心中的「歡喜佛」。

我們該如何學習宛如彌勒佛般的胸懷，以減少和他人的紛爭呢？

如何化解與他人的誤會？

* 以誠懇的態度撫平對方激動的情緒，利用各種方法表達自己的誠意。
* 在第一時間，主動解釋誤會產生的原因。
* 即使被拒絕也堅持不放棄。
* 過程中始終保持和煦的態度。
* 就算對方一時不能諒解你，你也已盡人事，只好聽天命，你無法與人人皆有深緣，只求事事無愧於己。

一個自然流露的微笑，勝過千言萬語，能夠拉近人與人之間的距離，消除阻擋人心的隔閡。有人說：「笑聲能縫合誤會的傷口。」

面對誤會，微笑著向對方道謝，經常比拚命地辯解要來得有效。即使無法化解誤會，也能使衝突不再延續、讓傷害不再擴大，對雙方都是有利而無害。

人生的旅途不可能一路順遂，挫折、失敗與誤解都是必經的過程，與其讓它們持續困擾著你，不如讓微笑成為化解爭執的助力。

誠懇、主動、明快，是化解誤會時必須掌握的三大關鍵。

You can make it!

消滅「恐懼」！拋棄執著，用愛擁抱生命

Let it go and relax yourself.

從前，有位常年征戰沙場的大將軍，相當喜愛收集古董。大將軍有一只漂亮的骨瓷杯，每當他空閒時，便會拿出來把玩。

某天，他手不小心一滑，杯子立刻摔了出去。幸好大將軍反應敏捷，在杯子落地前即時接住，但也因此嚇出一身冷汗。

他於是感嘆道：「我率領百萬大軍，出生入死，不曾有過恐懼，今天竟為一只小小的杯子就嚇成這樣！」

事實上，操縱恐懼心理的並非杯子，而是我們心裡的那份執著。若是能放下執著，便可對症下藥，破除始終尾隨的恐懼。

追根究柢，找出害怕的原因

人的恐懼，都是其來有自。因為受過傷，害怕再度品嘗痛楚，所以不敢坦然面對。我們一旦對事物有了越深刻的執著，害怕的情感就會越強烈，這是再正常不過的事情。

如果你兒時很喜歡狗，卻有一次在與狗玩耍時被狗咬傷，瘋狂追逐，往後你可能聽到狗吠就膽顫心驚。

隨著年齡漸長，我們有了越來越多在意的事物，也經歷無數。有些事情你可能已經忘記，但它帶來的痛苦卻還留在心裡。如果你無法發掘恐懼的真正原因，便無法真正面對問題，更無法找到解決問題的辦法。

我曾經有一位陷入網戀的朋友，因為過往的失敗戀情，而遲遲不敢和那個在雲端上談情說愛的情人會面。在了解她心中的苦楚後，我告訴她：「我知道你很在乎，但如果你不克服對失敗的恐懼，就永遠都無法開始。沒有開始，就不會有結束。既然不曾擁有，又何言失去呢？」

朋友聽後一愣，回家之後，立刻和男友通了電話。不久之後，就相約見面，正式開始交往了。而她臉上洋溢的笑容，讓身旁的人都感染了幸福的氣息。

因為在乎，更該勇敢追尋。找出讓你恐懼的原因，就是為自己創造幸福的契機！

放下執著，讓恐懼自動遠離

剛出社會的薇妮在一家大公司找到了工作。因為沒有經驗，她很認真學習，也相當樂在工作，每天都告訴自己：我一定要比昨天更努力。一段時間後，工作份量加重，她竟出現莫名的頭痛。吃藥不見成效，去看醫生，也檢查不出什麼問題，頭痛成了她困擾的來源。三不五時就發作的疼痛，影響了她的工作，好幾次她因而無法起床上班。一天，她又因此請假在家休息。薇妮沮喪的躺在被窩裡，不停按壓著太陽穴，想到自己堆積如山的工作，不知何時才能完成，她害怕的直想逃避，卻又避無可避。

這時母親開了房門進來，關心詢問：「感覺好點了嗎？」

「還是不太舒服。」薇妮繼續說道：「我真的好怕我做不完那些工作，如果沒有在期限內完成，公司會把我解雇的！」

沒想到，母親卻一派輕鬆地說：「怕什麼？勇敢去做就對了。最糟的情況，也不過如此啊！失敗，妳不會從此一蹶不振，妳還會再找到新的工作，妳的人生也依然繼續運轉，有什麼好怕的呢？」

因為失敗會讓我們感到痛苦，所以我們害怕失敗。但其實，失敗並沒有想像中那麼絕望，不是嗎？比起人生中許多值得紀念的片刻，失敗不過是人生中的小插曲而已。

名作家梅樂蒂．碧緹曾在她的書中寫到：「我們想要控制的東西，控制了我們的生命。」我們因為對事物的執著而感到恐懼，也因為恐懼而讓自己更無法前進。但真正讓你陷入不幸的，其實是你的恐懼，而非事物本身。

如何消除心裡的恐懼？

＊下一次，當你感到害怕的時候，請提醒自己：「真的沒有什麼好擔心的。」

＊請持續地向自己保證，所有的事都一定能安然度過。不論現在的感覺如何，事實上都不會有事。這不但會讓你感覺好過許多，接著你也會向自己證明，你的確安全無虞。

我們常會無意識地放大自己對實際情形的負面判斷，但這種意念反而導致事情往更糟的方向發展。如果你總是為最壞的情況預做準備，卻不預期好事發生，那不就等於你期待的其實是壞事嗎？或許連你自己都沒想到會是這種結果。

所以，沒有什麼事值得擔心，不擔心其實就減少了壞事臨頭的機率，相信自己一次，你會發現這比什麼都有用！

How to do?
用期待代替恐懼，主動創
造充滿好事的未來吧！

You can make it!

消滅「完美主義」！人生旅途美景盡收眼底

Let it go and relax yourself.

從前，有個正值適婚年齡、相當優秀的青年，滿心想尋求一位完美的伴侶。但這樣的女孩實在太難找，多年過去了，他始終沒有碰上符合自己心中「完美」形象的女性。

當青年變成白髮蒼蒼的老人，他仍然沒有實現自己尋求完美伴侶的目標，老人因此感到非常痛苦。

他的後輩見老人家如此難過，很同情地問他：「這麼多年中，您難道都沒有遇過一個稱心如意的對象嗎？」

老人回答：「我曾經遇過一個女孩。那女孩雖然不如我想像中那麼完美，但我對她大致上是滿意的。」

「那麼您為什麼不當下立刻追求她呢？」後輩疑惑地問。

「唉，別說了。」老人用沉痛的聲音，回答了後輩的疑問：「那女人拒絕了我，因為她發誓一定要找到一個十全十美的男人才肯結婚。」

聞名全球的詩人泰戈爾曾說過：「最好的東西不會是獨自出現的，它伴著所有的東西同來。」

即使是最好的東西，也同時具備著不好的一面。缺憾存在於世界的每一個角落，完美無缺的人也不可能真的存在。過分堅持完美，只會讓你一再錯過可能幸福的機會。

充滿缺陷的人生旅程，才能獲得意外的驚喜

有一顆小石頭非常喜歡自己既圓潤又有光澤的外表，唯一美中不足的是，它缺了一塊小角。小石頭為此感到非常苦惱，於是有一天，它決心出發去尋找失落的一角。

因為缺了一角，小石頭滾得很慢，於是它邊滾邊欣賞沿途上遇見的花兒，也和身邊飛舞著的蝴蝶與蜜蜂聊天，聽潺潺的小溪快樂地唱歌。它甚至還有時間讓身上的每一吋皮膚都享受到暖暖的陽光。

滾了好久好久，小石頭終於找到了自己夢寐以求的那一小角。它非常興奮，立刻把小角裝在身上，雀躍地向前方滾去。

因為補上了缺角，小石頭變得完美無缺，可以滾得很快。

它飛快的經過路旁的花兒，來不及細看花兒是什麼顏色；它沒有時間和蝴蝶說話，因為在開口前它已滾離了蝴蝶身邊。

它聽不到小溪的歌聲，耳邊只剩風聲咻咻地呼嘯而過。它更不可能曬太陽，即使經

過有陽光的地方，身上冰冷的感覺也不曾消失。

小石頭終於意識到自己失去了什麼。它停了下來，把裝在身上的角落碎石又放回路邊，再次緩慢地向前滾去。

「人有悲歡離合，月有陰晴圓缺。」許多事，圓滿了就會乏味、破碎。殘缺比完整包含更豐富、更生動的內容，所以生命才能像一首高低起伏的樂章，因此而鮮活。

由於不完美，我們有了追求的動力，有了對於完美的希望以及不斷進步的可能。生活不是一場必須拿滿分的考試，它反而像各方爭霸的籃球賽，再強的隊伍也可能輸掉其中幾場比賽，再差的隊伍也會有自己閃閃發亮的時刻。只要能贏回最終的勝利，何必太過在乎那幾場失敗呢？無論結果是贏或輸，我們仍然擁有在競爭中繼續前進的資格，也永遠能打完這一季所有的比賽！

別讓小缺陷構成大遺憾

一個人很幸運的獲得了一顆碩大而美麗的珍珠，但他卻一直對珍珠上有個微小的斑點而耿耿於懷。他心想，要是我能去除這個礙事的小斑點，這顆珍珠絕對會成為這世上最珍貴的寶物。

於是，他狠下心磨去了珍珠的表層，本以為這樣就可讓斑點不復存在，但事實並不如他所想。他因此又磨去了第二層，然而斑點就像生了根一般附著在珍珠上，並未消失。他感到相當不甘心，於是一層一層地磨，非得把這個礙眼的小斑點磨掉不可。最後，斑點真的沒有了，但珍珠也因此而消磨殆盡。

那個人心痛不已，從此一病不起。臨終前，他懊悔地告訴身旁的家人：「要是我當初不去計較那個微小的斑點，我現在仍能擁有一顆美麗的珍珠呀！」

有人說：「最完美的產品在廣告裡，最完美的人在悼詞裡，最完美的愛情在小說裡，最完美的婚姻在夢境裡。」

完美，始終是虛幻的，是人們構築出來的想像。神之所以完美，因為祂存在於我們的思想中，而非我們的眼前。幸福之所以為幸福，是因為我們懷抱著相信幸福的心意，與完不完美無關。

你是否曾因計較一點缺失而失去一份真摯的愛？你是否曾因嫌棄不完美而喪失寶貴的機會？你是否曾因無法盡善盡美而徹夜難眠……？別再因過於挑剔而對不起自己了，請把屬於你的幸福找回來。

如何避免「完美成疾」？

＊如果你總是看到別人身上的缺點，請先想一想，為什麼你覺得他不好？你自己在這一點上，難道做得比他好嗎？透過對他的批論，你是否因此能從中得到自我感覺良好的優越感？

＊檢視一下這些問題的答案，若回答都是肯定的，那麼你應該優先進行的事項，其實是培養自信，用其他的作法來增強對自己的認同感。當你眼中的別人都趨於完美，表示你投射在別人和環境上的負面自我也消失了，你的心境才能盡善盡美。

有些人會透過挑剔他人以獲得自我肯定，有些人則是在心中假想出一個完美形象，進而要求他人的表現符合自己心中的期望值。

然而，有期望就代表標準與現實有落差，每個人的標準也都不盡相同，你無法要求別人一定得成為你所希望的樣子。

確認一下自己的挑剔是來自於希望自我感覺良好，或是你給他人加諸了過高的期望值。適時調整自己的心態，不要為他人預設標準，會讓他人與你相處更自在。

「法則可以避免錯誤，卻絕不會賦予美。」英國的文評家塞謬爾．詹森博士，曾在他的書中寫下這番獨到且充滿智慧的見解。

因為完美意味著缺乏特色，如此一來，完美也就不完美了。

隨時衡量自己追求「極致」的那顆心，是出於平衡，還是出於不平衡，才能找到問題的核心。美麗境界一直存在，端看你能否擁有一雙澄澈的眼睛。

How to do?
完美意味著缺乏特色，其實完美一點也不完美。

You can make it!
Let it go and relax yourself.

消滅「成見」！放下主觀，建立友好橋樑

剛移民美國的小王，在一個陽光普照的上午到公園散步。走著走著，他看到一群白人在草地上聊天、曬太陽，心想：「美國人的生活真是悠閒，有錢又懂得享受。」

不久之後，他看到草地的另一頭也有一群黑人悠閒地坐著，不禁有感而發：「現在黑人失業的問題還真是嚴重啊！這些人應該都依靠社會救濟金過活。」

為什麼小王會這麼想呢？那是因為在他心中，有著對白人和黑人不同的既定印象。可以想見的是，若是他沒有試圖擺脫主觀，那麼在他心中，「白人都很有錢」與「黑人都很窮」的成見，就會一直存在。

當你用什麼眼光看待他人，他在你心裡就會是那樣的形象，而那也會反映在你與他的相處中。因此，想要改善關係，就必須先改變你對他人的既有認知。

你對他的想法，決定他在你心中的形象

中國「豪放派」詞風的始祖蘇東坡，與其好友佛印禪師間的友誼，在歷史上一直蔚為佳話。某次兩人相對坐禪，蘇東坡一時興起，便問佛印：「我的坐姿，你看像什麼？」佛印於是回答：「在我看來，你像一尊佛。」蘇東坡一聽滿意極了，但這時佛印卻反問他：「那麼你看我的坐姿，又像什麼？」

蘇東坡隨口便說：「我看你，就像一堆牛糞！」說完還哈哈大笑。佛印聽後，只是微微一笑，沒有再多說什麼。

傍晚，蘇東坡得意洋洋的回家向蘇小妹炫耀，但蘇小妹聽完，卻道：「哥哥，你這次可輸慘了！因為禪師心中有佛，所以看諸眾生皆是佛；然而你卻將慈悲的禪師看做牛糞，豈不表明了你內心充滿著汙穢與不淨？如此自然是你輸了。」

你對他人的看法，反映的是你內心的想法，而非他人的實際形象。對你來說，這個人的好壞，是經過你的價值觀來判斷的。而我們必須先思考的是，為什麼我們會對這個人有不好的印象？通常是因為對方在某些議題上，表現出與你不同的看法或行為，於是心中的衝突便難以避免。了解這一點，會讓你對彼此的差異有新的體認，也更容易從思考「同質性」的立場去找到真正的解決方案。

想改善關係，先改變自己的想法

回想一下，當你早上踏出家門，第一個遇見的人是誰呢？你看到他的時候，他臉上是什麼表情呢？你又是用什麼表情面對他？如果這些你都還記得，那麼你會發現，其實你和對方相遇時，臉上瞬間的表情變化，竟是相似的。因為你的心境，在碰面的那一刻，就會在對方身上反映出來。所以，千萬不要輕忽你所營造的氛圍。

莎士比亞在《哈姆雷特》中有一句名言：「世間事無好壞，全為思想使然。」若想要改善你與他人的關係，就必須先扭轉你的既有成見。

如何破除成見，改善彼此的關係？

＊先在腦海中回想一個你十分欣賞的人，並開始思考：他是什麼地方讓你覺得好？你會在心裡用什麼形容詞來描述他？

＊接著，從記憶中找出另一個讓你感到困擾、甚至是討厭的人，想一想：我討厭他什麼地方？不必否定自己的任何想法，你只需要對自己誠實。

＊完成前面的步驟後，請問問自己：這個你討厭地要命的人，是否也有欣賞他、關愛他的親朋好友？那些人又為何對他有此好感？

你必須了解，當你為他人貼上一個壞標籤，之後的壞標籤只會越來越多，負面印象積沙成塔，對你一點幫助也沒有，反而可能造成困擾。但當你開始試著撕除那些標籤，摧毀你原來為他架構的形貌，漸漸地你就能看到他本來的樣子。一個人好壞的評價其實完全出自我們的想像，一點也不客觀。

所以，良好的人際關係始於你對他人的看法。別讓壞印象在你心裡發芽生根，打破與他人溝通的障礙前，先剷除你種在心裡的成見吧！

How to do?
當你開始撕除那些壞標籤，你才能眞正看到他人最初的模樣。

心情好不好，只有自己最清楚。

如果希望經常保持開朗的狀態，

便需要練習對感受有所「自覺」，

培養對想法與情緒的敏銳度，就可以為你的情緒垃圾減量。

Chapter 4

心的感受最重要，意念分類就靠它來幫忙

透視你不為人知的潛在欲望？

心靈雜物搜查線

朋友請你陪他試玩一款新推出的角色扮演線上遊戲，但基於互補原則大家必須選擇不同的職業，你最「不想」被分到的是下列哪種職業呢？

Ⓐ．戰士
Ⓑ．法師
Ⓒ．祭司
Ⓓ．街頭表演藝人
Ⓔ．商人

結果分析

Ⓐ 戰士

你非常厭惡自身的弱小，並極力想讓自己在各方面都顯得強勢，「強大」是你心靈最深層的渴望，而「支配」的欲望則是你藉以表達強大的形式。你經常習慣指使他人，講話語氣也帶有命令的味道，但也因此容易在人際關係上出現問題。你應該將重心放在自身能力的增強，才能成為一位真正的強者。

Ⓑ 法師

你並不想為了別人而強顏歡笑，因此希望能爭取自己生活的空間，「自尊」是你埋藏於心底的願望，對「孤僻」及「自我」的欲望則是你維護自尊的方式。對你來說，自己能過得好最重要，因此經常出現不顧及他人的舉動。你應該試著將心中的感受以適當的方式表達，即使不用孤立自己，在人群中你一樣可以過得自在安適。

Ⓒ祭司

你希望得到他人關注藉以增強自信，「博愛」是你對心靈深層的期望，「抱怨」的欲望則是你吸引他人目光的方法。你習慣性地幫忙別人，但並不是每一次都能獲得他人的感謝，導致你總是邊做邊抱怨。你應該敞開心胸，若是希望幫助別人，也要讓自己幫得心甘情願。他人未必會將「謝謝」掛在嘴上，但肯定銘感於心。

Ⓓ街頭表演藝人

你對與他人進行交流沒有信心，「名氣」是你潛意識裡的渴望，「傲慢」則是你不自覺用來傳達意念的形式。你經常煩惱自己沒朋友，卻又沒有勇氣主動找人攀談，表達交友意願，因此才會擺高架子藉以掩飾你的緊張。放輕鬆點，交朋友其實不難，只要放下心裡的成見，嘗試過一次之後，你就會發現，事情真的很容易。

Ⓔ商人

你有遠大的理想，但「現實」才是你真正的期望，而「好高騖遠」是你表現欲望的模式。你在追求理想時，並不想馬上就覺察何謂現實，卻又希望能實現理想。你應該為理想做階段性的規劃，不但能從完成小目標中獲得成就感，也能使你築夢更踏實。

You can make it!

不要「困惑」，讓心的聲音指引你

Let it go and relax yourself.

古人云：「魚與熊掌，不可兼得。」無論想要與需要，都是欲望的一部分。想要的很多，需要的也很多，但我們不可能全部都得到。

有時是自己能力不足，有時是環境不允許，更多時候，是因為要求已經超過了我們可以控制的範圍。

我們可以假想一個常見的情況：

你的戀人長相出眾又具親和力，深深的吸引了你，所以你選擇和他在一起；然而，他身邊經常有一大群「蒼蠅」圍繞飛舞，這又令你感到相當困擾。你是否看出其中的矛盾了呢？

一般而言，具備親和力的人與週遭的人都能保持良好關係，出色的外表也自然會吸引眾人的目光，與之靠近，這便是屬於你無法控制的範圍，也可以說是事情的一體兩面。

你既然選擇他成為你的戀人，勢必就無法杜絕以上這些優勢的困擾，當我們無法兼顧全部的要求，就必須有所「選擇」。

別忘了，你永遠擁有重新取決的權利，是要把優勢都暗自當成一種威脅，或是欣賞對方本來的模樣，享受戀情的滋潤，到底這種煩惱是否合情合理，相信聰明的你，一辨就明。

什麼都想要，只會壓垮自己

俄法戰爭後期，當法國人撤離了莫斯科，農夫與商人在大街上搜尋被遺留下來的值錢物品。

然而，來回翻找一陣子後，大家只發現一些堪用的羊毛，於是在商量以後，兩個人各分了一半，便啟程回家。

途中，他們又找到了一些較為值錢的絲綢與布匹。

農夫略微思索後，便扔掉沉重的羊毛，而選擇方便攜帶的絲綢與布匹。

但商人可不這樣想，要他放棄任何一樣他都捨不得，於是他將農夫扔下的羊毛與剩餘的布料又全扛在身上。這些東西一旦疊起來，要揹著它們行走可不是件容易的事，因此他只好喘著氣，緩慢地前進。

不久後，他們又撿到一批相當高級的銀質餐具。

農夫二話不說立刻撿起銀質餐具，而丟棄了布料。但商人只能眼巴巴地看著農夫撿走那些值錢的餐具，因為羊毛和布料的重量已經使他無法彎腰，但他又不想放棄身上這些已經擁有的東西。

沒料到，不久之後忽然下起了大雨。步履蹣跚的商人由於身上被打溼的羊毛和布料而寸步難行，甚至摔倒在泥濘之中，但農夫卻步伐輕盈地早早回到了家。他賣掉了那些餐具，過著愜意又富裕的生活。

養馬的人不可能要馬兒好，又要馬兒不吃草。太多時候我們不得不面臨艱難的抉擇，在下決定的時候越是感到困難，承受的煩惱與痛苦就越大；而若是遲遲不肯做下決定，則會延長煩惱與痛苦的時間。

中國當代作家賈平凹曾說：「會活的人，或者說取得成功的人，其實懂得了兩個字：捨得。不捨不得，小捨小得，大捨大得。」

既然非得這麼做不可，何不試著讓自己乾脆一些，反而能獲得內心的輕鬆與平靜。

選擇的標準，就是聽從自己的心

查理的父親聽說某個知名跨國企業正在招募專業技術人員，便立刻告訴正攻讀研究所的兒子這個好消息。因為這家公司不僅近幾年開發的產品在市面上銷售長紅，未來也相當有發展的潛力。

查理聽了相當心動，但若是應徵被錄取了，研究所的學習肯定無法繼續，未來也不一定還有機會再取得學位。

看著查理猶豫不決的難過神情，父親拿出兩顆剛買的大西瓜放在桌上，指著其中一顆說：「查理，你來試試看能不能抱起這顆西瓜。」查理狐疑地照做了。

接著，父親又指著另一顆說：「你把這顆也抱起來吧！」

查理驚訝的睜大了眼睛，說：「怎麼可能！」一顆西瓜的重量就已經必須兩手合抱才能支撐，更不用說要一次抱起兩顆。

「所以，要用什麼方法才能抱起第二顆呢？」父親問。

查理苦惱地搖著頭，想不出有什麼好的辦法。

父親笑著說：「難道你就不能把手上那顆放下來嗎？」

查理這時終於恍然大悟：「是啊！放下一顆，就能拿起另一顆了。」

父親於是說：「這兩顆西瓜，你必須選擇其中一顆。至於你想要哪一顆，只能由你自己決定。」

考量了實際的情況與自己的期望後，查理最終選擇前往那家公司應徵，而放棄了學業。他如願進入了那家公司，並且在自己的工作領域中取得相當出色的成績。查理雖然還是會為自己未完成的學業感到惋惜，但他並不後悔。因為對他來說，能夠發揮自己的專長，藉由工作的成績獲得成就感，才是最重要的事情。

人生會不斷面臨抉擇，而抉擇的標準，每個人都不一樣。有的時候，標準取決於環境，有的時候，是取決於能力，但更多時候，是取決於自己的心意。不要讓別人替你做決定，因為唯有自己心甘情願的選擇，才能在往後無怨無悔。

無法選擇的時候怎麼辦？

＊冷靜下來，跟自己的心對話，讓它引導你。

＊給自己設定一個做決定的期限。正因為選擇是如此令人難受，我們更不應該讓迷惑持續折磨自己。試著讓自己乾脆一些，反而能獲得內心的輕鬆與平靜。

五月天樂團的阿信曾在受訪時，談及自己過往也曾面臨學業與工作的抉擇。他認為：「明明青春很短，時間有限，為什麼要花這麼多時間迷惑？」因此他當年選擇休學，而成就了現在許多大家琅琅上口的音樂作品，還締造今日在台灣音樂史上名留青史的搖滾天團——五月天樂團。

生命並不長，別將寶貴的時間浪費在迷惑上。無法做下決定的時候，聽從你的心，它一定會指引你前進的方向。

How to do?
想清楚後就乾脆的下決定，並且不再回想。

You can make it!

無法左右別人的脾氣，可以改變自己的心情

Let it go and relax yourself.

一個臭臉會讓一個空間的氣氛變得凝重，但一句好話卻能讓身邊所有的人臉上都沾染微笑。

讓我們開始想像：當你一早出門，買早餐的時候，老闆忽然對你說：「你看起來氣色很好哦！祝福你今天工作順利。」

頓時，你星期一早上不得不起床上班的陰鬱便一掃而空。你帶著微笑去搭車，沿途遇見的每個人似乎心情都很好。到了公司，你向櫃檯小姐道了早安，順便稱讚她今天的服裝搭配得真是好看！櫃檯小姐用開朗的笑臉向你道謝。你心滿意足地進了辦公室，竟然發現平日總是十分嚴肅的主管卻在對你微笑。

你就這麼開開心心地過了一天，連原本不太順利的工作都以出乎意料的速度完成了。

證嚴法師曾說：「一句溫暖的話，就像往別人身上灑香水，自己會沾到兩三滴。」這是因為，情緒不論好壞，都有著極大的傳染力。

不是只有感冒會傳染，情緒也會

女子站在一家珠寶店的櫃檯前挑選珠寶，隨手把裝著幾本書的背包放在旁邊。不久後，一位衣著光鮮、儀表堂堂的男士走進珠寶店。為了不影響他人視線，她禮貌地把背包移開。沒想到男士竟憤怒地瞪著她，惡狠狠地說：「你是什麼意思？你以為我想偷你的東西啊？」說完扭頭就走。莫名其妙地被人罵了一頓，女子也很生氣，挑選珠寶的心思蕩然無存，氣憤的離開了珠寶店。

這時正值下班時間，她因此被塞在車陣裡動彈不得，怒火也跟著越燒越旺。馬路被傾瀉出的車潮擠得水洩不通。她開著車，瞪著前後左右的車陣，越看越是生氣，雙手像要發洩似的不停拍打方向盤。

就在她與一輛大卡車在叉路口相會時，她憤怒地想：這卡車司機肯定會搶先衝出去。然而在她下意識地準備減速讓行時，卡車卻停了下來。司機還將頭伸出窗外，朝她揮揮手，示意讓她先過去。他黝黑的臉上掛著真誠的微笑，女子被他的微笑感染，累積滿腔的不悅瞬間消失得無影無蹤。她甚至還情不自禁地哼起了歌。

情緒感染的力量的確超乎我們想像。

如果有人對著你發脾氣，或許是因為他本來就情緒不佳，並不全然是你的問題，不需要過度在意，為此糟蹋了自己原有的好心情。你可以選擇用微笑面對，對壞情緒不予理會；若是身旁有人愁眉苦臉，你可以將微笑嘗試著傳達給他，即使不能給予實質的幫助，也能令周圍的空氣跟著緩和，讓不愉快的情緒漸漸平復。

說好話是維持情緒健康的不二法門

瑞士是個非常友善的國度。瑞士人，即使是對陌生人，也從不吝嗇美好的問候。

有位旅居瑞士的朋友，某次罹患了重感冒卻不得不搭公車，一上車就連連咳嗽。有趣的是，他每咳一次，車上的乘客便輪番轉頭向他說：「祝你健康！」令他受寵若「驚」！當公車到站，要下車前，連同司機在內的許多人還異口同聲祝他早日康復。

朋友後來提起這件事，臉上仍難掩微笑。他覺得雖然當下感到相當尷尬，但瑞士人的關懷與溫情，不僅舒緩了他身體的不適，也讓這位異鄉遊子心生暖意。

類似的例子不勝枚舉。透過彼此的小小祝福，讓繁瑣的日常生活也充滿溫馨。

如何讓自己維持良好情緒？

＊若是被他人的壞脾氣無端波及，你可以這麼想：「他飽受情緒折磨，已經非常可憐了，就原諒他吧！」即使別人無法控制情緒，我們仍可以選擇不被壞情緒拖累。

＊多說好話，多多祝福，不但他人滿意，你也會開心。

一句善意的言語能帶給他人美好的感受，更是增進彼此關係最好的方法。只要真誠以對，當他人接收到你的善意後，自然也會回饋正面的互動。多多善用言語的正面力量，讓情緒的傳染力幫助你散布陽光與暖意。

管制你的壞情緒，讓微笑傳遞，你的四周將充滿快樂的空氣！

How to do?
用好言好語與面帶微笑來保護自己，就是面對壞情緒最好的金鐘罩。

欲望好比頭髮，經常修剪就可以亮麗有型

你是否常想：「衣櫥裡永遠少一件衣服」、「錢賺再多都不夠花」、「新出的商品功能更齊全」……。當欲望浮現，永遠不愁缺乏滿足的藉口。近年「收納」的技巧盛行，深究原因，是許多人家裡總是囤積了大量日常生活幾乎用不到的東西，卻不知該如何處理。所以如何在有限的空間存放大量的物品，儼然成了一門專業學問。

事實上，完美的「收納」只是藉口，好讓我們能要得更多。

欲望黑洞永遠也填不滿

一位苦行僧，為了修行，準備到山中去隱居。離去時他只帶了一塊布當作衣服。

幾天後，在洗衣服時，苦行僧便發現，沒有替換用的衣服很不方便，於是就下山向村民們乞討一塊布。

村民們知道這位修道者相當虔誠，平時也會向其請教，指點迷津，因此也不吝嗇地分了一塊布給他。

過了一陣子，苦行僧發現居住的地方，在陰暗的角落裡躲了一隻老鼠，在他專注修行時會去撕咬衣物。為了遵守戒律不殺生，又無法趕牠走，他只好回到村莊裡，向村民借一隻貓來驅趕惱人的老鼠，村民也善意地送給他一隻貓。

擁有貓之後，他又想：「這樣一來貓要吃什麼維生呢？不可能跟我一樣只吃素吧！」於是他又向村民要了一頭乳牛，這樣貓就可以靠牛奶維生。

有了乳牛之後，苦行僧還是覺得這樣不妥，又和村民要來圈養牛隻的木柵欄……。如果這個故事就這樣永無止盡的演變下去，你知道最後會變成怎樣呢？

因為苦行僧無盡的索取，半年後，竟然將整個村莊都搬到山上，打破了他所謂清修隱居的心願。

當欲望出現，它便成為一條鎖鏈，一個接著一個，若是沒有外力阻止，就沒有斷裂的一天。而我們為了滿足自己的欲望，總是找得出各種各樣的藉口與理由。

俄國文豪托爾斯泰曾說：「欲望越小，人生就越幸福。」

欲望與知足，對立於我們內心天平的兩端。我們不必追求不可能的平衡，但若讓它一直處於傾斜狀態，不假時日，它便會失準甚至毀壞；適時的增減，才能使它維持動態的平衡。隨時保養你的心靈天平，幫助自己清理囤積過多的欲望，就能讓幸福長長久久。

欲望不能完全去除，卻可以經常過濾

某個城市的西邊有座寺院，因為位置偏僻，香火並不旺盛。原先的住持圓寂之後，新的住持索提法師被派到這裡。他先是圍繞寺院巡視一圈，發現周圍的山坡上遍佈著雜亂的灌木。於是，法師找了把剪刀，不時去修剪其中一棵灌木。半年後，那棵灌木被修剪成了漂亮的球形。僧眾們對法師的舉動感到疑惑，但法師卻只是微笑，並未回答。

某天，一位衣著光鮮的香客來到寺院。法師於是陪伴客人在寺院內四處參觀。走著走著，客人突然問到：「法師，請問如何才能消除欲望？」

索提法師聽後，便進入內室取了把剪刀，對客人說：「施主，請跟我來。」

他領著客人來到長滿灌木的山坡，將剪刀遞給客人，並指著那棵圓球形的灌木說：「只要您能經常像這樣去修剪一棵灌木，您的欲望就會消除。」

客人接過剪刀，選了一棵灌木便喀嚓喀嚓地修剪起來。半小時後，客人笑著向法師說：「身體似乎舒展了許多，但經常充塞心中的那些欲望似乎並沒有放下。」

法師點點頭回道：「剛開始的確會這樣，只要經常修剪就可以了。」

後來這位客人頻繁地到訪寺院，三個月後，竟將灌木修成了一隻初具雛形的鳥。

法師問他：「現在你是否知道該如何消除欲望了？」

客人面有愧色地回答：「大概是我太過愚鈍，每次修剪的時候，都能心無旁鶩，但一離開這裡，所有的欲望卻一如既往地冒了出來。」

法師對客人說：「施主，您知道為什麼當初我會建議您修剪灌木？」

看見客人不解的神情，法師略微停頓，又說：「我只是希望在每次修剪前，您都能發現，之前修剪的部份又重新長了出來。

就像人類的欲望，無法指望它能夠完全消除。我們能做的，是盡量將其修剪得美觀。若是放任它恣意生長，就會像滿山雜亂的灌木般，醜陋不堪；但只要經常修剪，就能塑造一幅美麗的風景。

對於名利也是相同的道理，只要取之有道，用之有理，並能惠己及人，就不應該將它視為一道心靈的枷鎖。」

原來這位客人是山下的地產大亨，正為俗事煩憂，才會向住持求道，沒想到住持卻一眼看破他的心事。

事實上，在物欲橫流的年代，要心無旁鶩是不可能的，也不不必感到罪惡感。倒是你若經常為欲望所苦，你可以嘗試看看這個作法：

如何清理令人困擾的過剩欲望？

* 找一張白紙，用黑筆寫上所有現在困擾著你的欲望。
* 接著，從這張欲望清單中，以藍筆圈出你現在有能力完成的選項。
* 最後，拿著紅筆，大大方方的圈起你最想達成的願望。
* 你還想什麼呢？不要遲疑，現在就去完成那件心中的想望吧！

透過這個方法，可以幫助你過濾紛擾的雜念，不僅能夠更清楚知道自己現在的能力極限，更重要的是，你會發現隱身其中的真正心願。

經常檢視欲望，其實是幫助自己減輕心裡的負擔，這時，稍微用一些技巧，給自己一點暗示，就能幫助你脫離煩擾。

How to do?
找出眞正想要且力所能及的目標，讓自己滿足其實沒那麼難！

You can make it!

悲慘的並不是現實，而是你無法接受它

Let it go and relax yourself.

法國作家莫泊桑曾說：「人生並不如想像的那麼美麗，亦不如想像的那麼醜陋。」

對於廣闊的世界來說，我們就只是一個個微小的分子，無力改變世界。如果已經盡力，那麼最壞的情況就一定不會發生。接受現實，將剩下的事全交給命運之神去傷透腦筋吧！

接受現實，其實沒有你想得那麼糟糕

覺得自己快得憂鬱症的戴維，苦惱地跑去找心理諮商師，希望能獲得一些有用的建議。

「我現在做什麼都感到厭煩！只要一想到隔天還要上班就苦惱得睡不著覺，整個人簡直快崩潰了！要是可以的話，我真想立刻辭職不幹，好好休息一番！」戴維像發洩似地對諮商師說道。

「那麼，你有辭職的打算嗎？」諮商師問。

「怎麼可能呢？要是辭職的話，肯定會有一群人跑來關切，問東問西。我想到這件事就覺得煩！」戴維說。

「誰會來煩你呢？」諮商師又問。

「父母、親戚，還有我女朋友！他們一定會囉哩叭唆，還會講一堆大道理，尤其是我媽，我真怕她知道以後，眉頭深鎖的樣子。唉……」戴維無力地癱坐在椅子上。

「真是難為你了，難怪你會如此煩躁。」諮商師頓了頓，又說：「我想，你一定很希望可以順利離職，而且身邊的人也可以諒解你的難處，不再多做議論，對不對？」

「唉！要是真的能這樣，我也就可以安心辭職了。」戴維無奈地回答。

「是啊！要是他們能什麼都不說，那就太好了。是嗎？」諮商師引導著詢問。

「……。」戴維卻用沉默回答了諮商師的問題。

一陣長長的沉默後，戴維終於開了口：「沒錯，要他們什麼都不說，那是不可能的。或者說，如果他們真的什麼都沒說，才是最奇怪的事！」

戴維接著說：「就算我真的辭職，讓他們唸一唸，其實也沒什麼大不了的嘛！工作只要再找就好啦！」言談之間，似乎釋懷許多。

如果我們總是期待著最好的情況出現，那麼理想與現實的差距只會讓我們止步不前，導致心中的挫折感越來越大。若是時間拖得越長，失去了處理問題最好的時機，反而使預想中最糟糕的情況越有可能發生。因為猶豫不決的情緒容易使人心浮氣躁，更無法找出最能符合實際的解決辦法。

當我們沒有能力改變現實，或者能夠改變的幅度有限，不如讓自己學習接受它。至於接受現實到底會與期望值落差一點還是落差很大，不嘗試看看就永遠也不會知道。但我們可以確定的是，拖拖拉拉並不會讓情況變好，只有可能更糟。

事實無法改變，但珍貴的回憶卻能永存

你知道一顆飽滿的珍珠是如何養成的嗎？

最初，養珠的工人必須將砂放進蚌殼內。這當然會讓蚌感到不舒服，但它又無法將砂吐出，於是它不得不面臨兩個選擇：一個是不停地抱怨，讓自己永無寧日；另一個是接受這粒砂，與它和平共處。

蚌選擇了後者。它開始用自己的一部分去包裹砂粒。即使那粒砂不斷地磨擦蚌的肉體，使它在痛苦中掙扎。但終有一天，砂粒會變成一顆璀璨的珍珠，蚌也疼痛不再了。

接受生命中那些我們無力改變的事情。或許過程會使你疼痛不堪，但最終它會成為你一生的珍藏。並不是每一隻蚌都能生成珍珠，而珍珠之所以彌足珍貴，是因為蚌用血淚接受並包容那粒砂，使它成為了自己最美麗的部分。

無法改變現狀時該怎麼辦？

* 無法改變的時候，就選擇接受；若是現實讓你感到委屈，請對自己說：「這都是我自己想像出來的情緒，事實並沒有所謂好與不好。」

* 無能為力的時候，就交給時間去擺平；受到傷害的時候，就拜託時間來止痛。接受，你反而會因此感到輕鬆。

我們會覺得苦，必然是因為當下的心境，而非外在的環境。現實是客觀的，並不會改變，但思考卻會決定我們看到的世界是什麼模樣。「苦痛過後，必然是甜蜜」這是莎士比亞的名句，走過苦痛，再回望從前，自然就會覺得「其實也還好嘛」！

比起費力改變，有時坦率地接受現狀反而會令你鬆一口氣。

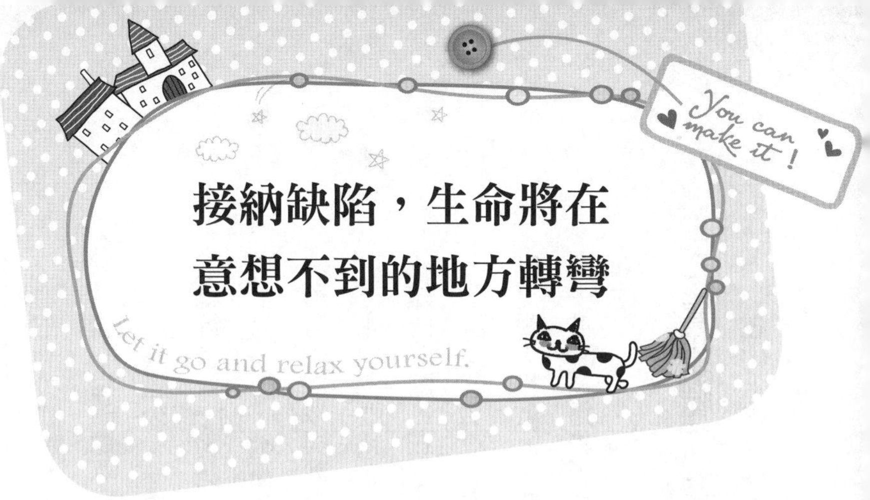
You can make it!
Let it go and relax yourself.

接納缺陷，生命將在意想不到的地方轉彎

著名的胡達．克魯斯老太太，在年屆七十時開始學習登山。往後的幾十年中，她攀越了數座世界知名的高山。就在九十五歲高齡時，她更破紀錄登上日本第一高峰——富士山。

「人老，但心不老」，胡達．克魯斯老太太雖然年老，卻擁有如此積極的心態，她並不認為自己一旦進入老年，就什麼也做不到，而是接受了年老力衰的事實，想盡辦法克服它，因此完成許多年輕人也未必可以達到的夢想。

不論你擁有什麼？你是誰？在什麼地方？正在做什麼事情？你想過什麼樣的人生都由自己決定。面對現今的不足，你可以積極以對，也可以選擇消極悲觀，鎮日怨天尤人。別忘了，如果你都無法信任自己，更別冀求外界順遂你心。

給自己多一點正面的評價

有位長著一口齙牙但卻擁有動人歌聲的女孩，經常為自己的缺陷感到自卑，每當要開口唱歌時，她總是試圖用上唇不斷遮蓋

自己外露的牙齒。

在一次歌唱大賽中，她不停掩飾的舉止反而使她無法發揮原本應有的水準，表現失常，讓在場的聽眾與評審都覺得整場表演非常滑稽。

比賽過後，一位惜才心切的評審告訴她：「如果妳想成功，忘了妳的長相，只管唱歌就行了。」因此，往後的表演中她不再試圖掩飾，而將全副的心神放在自己的歌唱技巧上。終於，她極富特性與感染力的表演，讓她在全國大賽中脫穎而出，成功吸引了在場所有的聽眾與評審。她的齙牙甚至讓人們更容易對她印象深刻。

永遠都要用正面的角度對待自己，接納自己的缺點，並發揚自己的優點。因為你所認知的缺點，在別人眼中，反而可能是優點。

法國著名箴言作家拉羅什富科曾說：「在與人交往時，我們的缺點通常比我們的優點更討人喜歡。」我們不可能十全十美，所以不需要為了無法改變的部分憂愁，導致顧此失彼，還錯失了散發光芒的機會。

善用潛能，缺點也能讓你發光

在山上的寺廟中，有位小和尚每天都會拎著兩個水桶下山挑水。但是兩個水桶中，有一個是完好的，另一個水桶則有著長長的裂縫。所以每當小和尚回到寺廟中時，破水桶中都僅剩半桶水。

日復一日，破水桶因為自己的缺陷越來越感到自卑。一天，破水桶抱歉地對小和尚說：「對不起，我對自己只能乘載半桶水感到十分慚愧！」

小和尚聽完卻笑了起來：「事實並非如此啊！」他指了指外頭，接著說：「下次挑水回來的路上，你好好地看看那些長在路邊的美麗小花，再想想為何只有你這一側的路旁才有，好水桶經過的那側卻沒有。我經常摘些花朵來裝飾寺廟，若是沒有你，我們哪來這些花呢？反而應該感謝你才對呀！」

有人說：「有些缺陷是上帝送給你的禮物，善待它們，你將會有意外的收穫。」

斷臂的維納斯女神像，自然不是原作如此，而是後天外力造成的。當初藝術家們為了替女神裝上手臂，可說是絞盡腦汁，但這手臂無論怎麼擺都覺得不對。最後他們放棄了，理由是沒了手臂，卻讓觀眾存在更多無限遐想的空間。

因此，這座維納斯女神，不僅在過去是美麗的象徵，到了現代，仍舊博得了眾人的欣賞與讚美。

如何面對無法改變的缺點？

* 人不怕有缺點，怕的是無法面對自己的缺點，還有人根本不承認自己有缺點。一個人面對缺點時，抱持的態度是否正確，才是真正決定成敗的關鍵。
* 另一種方式是：多增加自己的優點。某些天生的限制，或者是人格特質，可能不容易改變，這時候如果可以培養、提升自己更多的優點，與自己的缺陷互補，那麼無論缺點、優點，都將成為人生的助力。

如果對自己的缺陷或不足感到在意，你要做的並不是煩惱與抱怨，而是盡力去改變可以改變的部分，並從另一個角度接受不能改變的部分。失命中意想不到的驚喜，往往在我們扭轉心念的那一刻，欣然降臨。

How to do?
一個人面對自己缺點時的態度，才是眞正決定成敗的關鍵因素。

培養心的「靈敏度」，是情緒管理的關鍵

Let it go and relax yourself.

一般而言，小孩對情緒的接收是最敏感的，他們能直接感受到氣氛的差異、旁人的感覺，而立刻對自己或他人做出反應。

但是，隨著年紀漸長，我們慢慢學會隱藏與壓抑，習慣行動前思慮再三，這種慣性導致我們對感受的敏銳度越來越遲鈍，而衍生了許多心理的問題。

因此，許多人看似平和，一旦情緒失控，就會突發脫序的行為，甚至連他們自身都無法理解自己的舉措。事實上，每個人心裡都潛伏著一顆「情緒未爆彈」，若是沒有即時處理，便會在無意中引爆。

所以，要安撫自己的心，首要之務是必須先了解自己「真實的感受」。

對壞心情不可以置之不理

一九六五年九月七日是路易斯．福克斯期望問鼎世界撞球冠軍的關鍵日子。從開場他便一路領先，只要再得幾分，他便可以抱走冠軍獎杯。

然而，一個小意外就這麼發生了——在最後一場冠亞軍的賽事中，在白色母球上竟然有隻蒼蠅停留其上。為了不影響進球的準確度，他連忙揮手將蒼蠅趕走，但是在他彎身正要擊球的瞬間，那隻蒼蠅又飛了回來。

這種滑稽的情境，讓現場觀眾一陣哄笑，他只能無奈的起身再次趕走蒼蠅。但蒼蠅似乎有意要捉弄他，只要他一彎下腰，它就又飛回來。全場觀眾都笑了起來。

這時，福克斯完全被惹毛了，他不顧一切的用球桿去擊打蒼蠅，卻意外的碰到了母球，並且理所當然的沒有得到任何分數，裁判因此判定路易斯．福克斯失去這一輪的擊球機會。

由於這場比賽的節奏變化超出了福克斯的預期，讓他忍不住急躁起來。

接下來的比賽中，他不斷失利，讓他的對手約翰．迪瑞有了可趁之機。漸漸地，迪瑞果然追平積分，最終超過了福克斯而贏得世界冠軍。

隔天早上，有人在河道上不幸發現了路易斯．福克斯的遺體。他竟然因為一場比賽的失利，而投河自盡了！

對於這個悲傷的故事，你一定也會想，福克斯大可不必這樣。但是，輸球並不是這個事件的主因。

最重要的是，他並沒有意識到自己的情緒已經超出所能掌控的範圍，而去尋求協助，否則，即使錯過了一年的冠軍寶座，來年仍有機會坐穩。

猶如上述的情境，在所有的情緒反應中，失控的憤怒尤其會讓你付出極高的代價。城邦出版集團的執行長何飛鵬先生，曾在他的著作《自慢》一書中提及，當我們在憤怒的情境下，往往會無意識的做出非理性舉動──「我不是被對手打敗，而是被自己打敗。」

因此，他為自己訂下了情緒激動的「三不原則」：一是暫停不繼續，二是不回應，三是不在任何情緒激動的情況下做出任何決定。

這些情緒的防護網，可以保護你在失去判斷的情況下，避免傷人又傷己，但在進行這些動作的前提是，你必須對自己的感受有所覺察，才能及時發揮作用。

培養對自身情緒的覺察力

不過，培養覺察情緒的能力並非一蹴可幾，畢竟想讓已經遲鈍的神經回復敏銳的狀態，就需要從日常生活中慢慢練習。

練習的第一步，是隨時感受當下的情緒，問自己：「我現在的感覺如何？」先不要評論你的情緒是好是壞，情緒沒有對錯，只有真實。你僅僅需要去感覺它，然後接受它。

認清情緒的狀態，才能夠掌控情緒。

接著，你可以開始思考：「我為什麼會有這種感覺？」辨識情緒的來源以及情緒背後的想法。找出原因，如此才能判斷自己的情緒反應是否合理，幫助自己走出迷團。

此外，你可以透過記錄「情緒日記」，協助自己更了解情緒——包括情緒發生的原因、是哪一類的情緒、情緒的強度，以及自己的想法。

無論正向或負向的情緒你都可以嘗試著記錄下來，幫助自己了解哪些事件與想法會引發何種情緒反應。

最後，你需要想的是，如何能有效紓解情緒。情緒處理並不是壓抑與忽略，若是將負面情緒積壓在心裡，總有一天會因克制不住而爆發，讓事態更趨嚴重。

我們可以選擇接收好情緒，拒絕壞心情，絕非完全置之不理。以下還有許多有科學根據的方法幫助你約束即將脫管的情緒，在緊急時刻即時派上用場。

如何讓脫韁的情緒收放自如？

＊顏色對人的情緒有很大的影響。如要避免煩躁的情緒持續下去，你應該儘量不要穿紅色系的衣服，如要抗憂鬱，就不要穿黑色、深藍色、灰色等使心情沉悶的顏色的衣服，更不要置身於這種顏色的環境之中。

＊音樂對不好的心情有治療作用，應當根據情緒的屬性選擇音樂。比如你心情憂鬱，就應該選擇三到四段憂鬱的音樂，藉著沉醉在音樂中舒緩、消化鬱悶的心情。

＊食物與心情的好壞也有很大的關係。像醣類食物是具有安慰作用的食品，吃醣類食品對情緒會有鎮靜的效果。唯要注意情緒緊張時，不可再攝取高咖啡因的飲品、食物，因為反而會讓你更躁鬱。

由於擁有不同的生長背景與習慣，每個人對同樣的事情，會呈現出不同的情緒反應，因此處理的方式也不盡相同。而情緒的來源，也會影響你紓解情緒的辦法。如果情緒是來自壓力，有的人會聽放鬆的音樂，也有人會選擇暫時離開，到戶外走一走。如果情緒是來自於身體不適，則需要尋求醫療方面的協助。

雖然要達到如佛家那樣「心如止水，波瀾不驚」的境界可能很困難，但我們仍可為情緒發展出一套適合自己的處理方法。你可以利用前面提供的方法，多練習幾次，找到最適合自己的情緒處理模式，就能扭轉劣勢，成為自己情緒的主人！

How to do?
透過「情緒日記」來幫助自己更了解實相，如此才能客觀地判斷。

面對危機保持冷靜，情勢馬上逆轉勝！

You can make it!

Let it go and relax yourself.

馬克西姆．高爾基被公認是繼托爾斯泰之後最具影響力的俄國文豪。他曾經說過：「在所有的力量中，理智是最強大的，它是世界上唯一能夠自覺的力量。」

理智的思考、判斷、選擇與分析，可以說是成功的必要途徑，沒有理智，成功就無從實現，甚至可能因而失去現在的一切。只有在任何情況下都能盡可能保持理智的人，才能夠冷靜面對瞬息萬變的環境，臨危不懼，化險為夷。

理智思考，冷靜救命

一位具有二十七年飛行經驗的美國飛行員，在接受記者採訪時，透露了他飛行史中一次最危急的經歷。

在二次大戰期間，他擔任Ｆ６戰鬥機的駕駛員，某次接到一道指令，要求戰機在航空母艦上起飛後，爬升到東京灣上空，從距離海面三百英呎的高空進行俯衝轟炸。

正當他以極快的速度下降，並開始進行水平飛行的時候，飛機的左翼突遭飛彈擊中，整架飛機霎時翻轉過來。

人處在飛行狀態，最糟糕的情況是失去平衡感。如果無法在第一時間冷靜判斷，很有可能就此喪命。那位飛行員在千鈞一髮之際，並沒有根據本能貿然行動，而是冷靜觀察四周，確立了自己的方位，再立刻進行操作，將整架飛機翻轉過來。

他語重心長地告訴記者：「是我的冷靜救了自己。」因為若是沒有保持鎮定，他即有可能將大海誤判為藍天，並一頭衝進海裡。

計畫永遠趕不上變化，生命中的突發事件，不會等到你準備好時才出現。但是，「如果A計畫沒有用，別忘了還有其他二十五個字母！所以，保持冷靜吧。」（If Plan A don't work,the alphabet has 25 more letters! Stay cool.）這是一句西方的俗諺，它告訴了我們遭逢意外，驚慌失措並不會讓事情出現轉機，唯有依靠理智與冷靜，才能夠平安度過。這並不需要聰明的頭腦與多大的智慧，我們只需要接受眼前的事實，把多餘的思緒拋諸腦後，就能勇敢面對所有危難。

力持鎮定，才能出奇制勝

某個知名博物館發生竊盜案件，共有十件珍貴的文物遭竊，幸好竊賊並未將館中一枚貴重的鑽戒盜走。由於竊賊的手法十分高明，警方嘗試了多種方法仍查不出任何線索。這時，一直相當冷靜的博物館館長提出建議，召開關於這場竊案的記者說明會。

在記者會上，記者向館長提問：「請問館長，這次的竊案共遺失了多少件文物？」

館長回答：「總共十一件。」

記者又問：「這些都是珍貴的文物嗎？」

館長再答：「是的，每一件都相當珍貴，特別是其中一枚失落王朝的鑽戒，價值連城，無比貴重！」

幾天之後，警方就找到線索，順利偵破這起博物館竊案。到底警方是如何找到破案關鍵的呢？

起因是一場鬥毆事件，聚眾鬥毆的幾名盜賊全數被警方當場抓獲。而這群人鬥毆的原因，竟是互相猜忌，到底是誰私吞了第十一件文物——「價值連城的鑽戒」。

博物館館長在丟失了文物之後仍然相當鎮靜，因而能夠沉著應對，想出奇招，巧妙的應用了竊賊的貪盜之心來破案。

在危急時刻，能否保持理智之心，有時與一個人的天性有關，但也絕非不能後天養成。有幾個有效的作法可以幫助你培養理智、冷靜的性格。

如何在關鍵時刻還能理智以對？

* 先自制，而後制人。時刻提醒自己不忘初衷，才能即時擺脫因情緒造成的判斷障礙。
* 三思而後行，三思而後言，在話說出口，採取行動前多思明辨。如果有些話說了不如不說、有些事做了不如不做，就該捨棄，反覆思量才能找到最無傷且有效的方法。
* 待人如己。如果在情緒爆發的當下，我們能反轉心態，換個立場把對方當成自己，就不會作出不可抑止的攻擊，還能因設身處地而尋得良策。

古語有言：「以靜制動。」將理智與冷靜當做武器，能使你明辨是非、通曉利害關係。當你認為自己確實擁有掌控心智的能力，自然會在危急時刻，比旁人更能心生力量，令你穩住陣腳，跨越難關。

How to do?
三思而後行，三思而後言，是待人處世的致勝法門。

及時紓壓，讓你看見幸福的彩虹

You can make it!

Let it go and relax yourself.

國際長壽學家胡夫蘭德曾經指出：「在所有對人不利的影響中，最容易使人短命的就是不好的情緒和惡劣的心境，如憂慮、頹廢、懼怕、貪求、怯懦……。」

快速的生活步調和過高的工作壓力，讓生活在這個年代的人們經常性地累積大量的負面情緒，而過去所提倡「忍耐」與「發洩」的情緒處理方法也早已無法因應時代的改變。

想要有效的處理負面情緒，我們需要適當的進行化解與疏導，才能避免身心失調所帶來的不適與麻煩。

忍耐不是美德，發洩也並非王道

蘿拉在公家機關擔任櫃檯受理的工作。

她有個習慣，每當與洽公的民眾起了爭執，受了委屈，就在筆記本上，寫上一個「忍」。若實在覺得非常委屈，「忍」字就會寫得特別大。

久而久之，筆記本裡寫滿了大大小小的「忍」。她不僅要承受委屈與難過，還要背負日漸增加的「忍耐」的重量，終於忍耐過頭，得到所謂的「上班恐懼症」，只要一上班便開始愁眉苦臉。

不久，上司就發現了蘿拉的問題，為了對症下藥，便想出一個方法。

他告訴蘿拉：「之前那本筆記本，妳把它丟了吧！這本新的給妳，妳把每一頁都分成左右兩邊，左邊寫上『奧客』，右邊則寫『好人』。工作時，如果遇到『奧客』，妳就在左邊加個忍字，但如果遇到的是好人，妳就把忍字劃掉。如果沒有忍字可以劃，那麼就在右邊加一個笑臉。每週統計一次，看看是忍字比較多，還是笑臉比較多呢？」

蘿拉聽了上司的話，便照著做。

一週後，她發現左邊的忍字雖然不少，但全數被右邊的笑臉給抵消了，還多出了許多笑臉。這個發現一掃她陰鬱的心情，發自內心地感受到：「原來，讓我開心的人比讓我受罪的人要多很多呢！」

忍耐並不是排解情緒的唯一方法。積壓的負面情緒沒有得到舒緩，久了便會成為心中的負擔，甚至可能積憂成疾。在都市生活經常不得不承擔龐大的壓力，從而導致憂鬱症的患病人數及自殺率逐年攀升。

因此，想要過得輕鬆愉快，就必須找出一套適時紓解情緒的方法。有許多人可能會選擇發洩，例如搥枕頭、放聲大哭、逛街血拼等等，但這都不是最好的辦法，因為發洩極有可能讓情緒變得更加糟糕。平時就要有效的化解情緒，而非等身心到達極限時大肆發洩，才能夠把壞情緒清空，讓好心情留駐。

適時紓壓，趕走憂鬱小惡魔

根據世界衛生組織統計，女性一生中至少罹患一次重度憂鬱症的機率是百分之二十五，男性雖比較低，但也有百分之十五。

這顯示了現代人必須承受比從前更大的心理壓力，單單依賴中國的傳統美德「忍耐」早就不足以負荷，但我們仍然習慣吞忍過活，也極少有人經常從事真正有效的紓壓活動。因為心理壓力不斷增加，但人們的心理素質卻沒有跟著進步，又無法尋求正確的紓壓方法，導致最後必須依靠藥物來緩解憂鬱情緒，甚至很多人服用了抗憂鬱藥物，反而讓心病更難治癒。

因此，若是能在平時就將紓壓當成生活的一部分，培養良好的習慣，把憂鬱趕走其實很簡單。與你分享幾種簡單紓壓的好辦法：

如何幫助自己定時有效紓壓？

＊保持充足的睡眠。

＊利用早晨的時間散步、曬太陽。

＊盡量減少看電視的時間，多餘的空閒就可以用來進行讓身體放鬆的伸展操。你可以配合呼吸的律動來伸展四肢：吸氣的同時，將雙手向上延伸，讓四肢完全地伸展；吐氣的時候，想像筋疲力盡的感覺，讓身體完全地放鬆下來。如此進行簡單的伸展，可以避免累積情緒與壓力，減少花費處理負面情緒的時間與精力，去做那些真正會讓自己獲得快樂的事情！

睡得飽也睡得好，負面情緒就會少。已經有許多醫學研究指出睡眠不足與失眠會對身心造成龐大的負面影響，甚至有研究指出，每晚多睡一小時，增加快樂的程度比起加薪六萬元還要高。

如果你覺得讓自己入睡似乎有點難，建議你可以睡前喝一小杯紅酒。少量的酒精能夠促進人體血液循環，也能使心神放鬆，更不會帶給身體副作用。

另外，陽光與適度的運動可以使身心倍感舒暢，而早上清新的空氣也能幫助你喚醒一天的活力。把你平日花費在賴床的時間用來散散步，享受一點陽光，並不會消耗你太多的體力，卻能夠換來開朗的心情。

至於為什麼要關掉電視呢？研究數據也證明，漫無目的地轉台並不會讓你緊繃的精神得到舒緩，不如起身伸伸懶腰，抬抬腿或有韻律的輕輕晃動手臂，讓僵硬的身體有活動的機會。感到疲累時，稍微做一下伸展操，除了能活動筋骨，精神也可以得到休息。

化解負面情緒是每天、隨時都可以做的事。情緒是自己的責任，它和生活中每一件必須做的事都同等重要，卻最容易被我們忽略。現在就把紓壓放進你的每日行事曆，習慣之後，你就會知道，其實它和吃飯一樣，是再自然不過的事。放下不快樂的片段，其實真的沒什麼大不了！原以為不存在的幸福彩虹，其實就在你心深處。

How to do?
紓壓是隨時隨地得心理功課，別累積到承受不住時才來做。

往昔習以為常的價值觀，

不見得適用於現在這個極度忙碌、腳步慌亂的社會。

人們的壓力已經超過負荷，

壓抑與忍耐只會導致情緒問題更趨嚴重。

別再受到傳統美德束縛，讓新的思維引領你邁向明天。

Chapter 5

擺脫世俗價值觀，天天整理才能保有好心情

測試你的人生價值觀？

心靈雜物搜查線

某天你接到一個通知，原來前陣子參加購物商場的摸彩活動，你抽中了特別獎！而且還有以下五項等值的獎品讓你挑選，你會選擇哪一個呢？

Ⓐ．五星級飯店的餐券
Ⓑ．高級數位相機
Ⓒ．造型金飾
Ⓓ．名牌手錶
Ⓔ．珍貴的植物盆栽

結果分析

Ⓐ五星級飯店的餐券

輕鬆是你的態度，休閒是你的習慣，你覺得生活最好可以一直沒什麼壓力，也不要有太多的刺激與變化。旁人看來你相當的樂觀，無論大小事都會以正面的角度看待，似乎總是無憂無慮。事實上，你所追求的人生意義就是好好過生活，遇事不要自尋煩惱，悠哉度日就好，幹嘛想那麼多呢！

Ⓑ高級數位相機

你討厭一成不變的生活，太過平凡的日子會讓你無聊到發瘋！所以你總是把挑戰當樂趣，甚至到處尋找學習新鮮事物的機會。你從不耽溺於安逸的環境，反而歡迎各式各樣的刺激與改變，享受前往成功之路上的任何挑戰，從中獲得豐富的經驗與體會就是你人生的目的。

Ⓒ 造型金飾

有夢最美，但再美的夢也要有穩固的經濟基礎來支撐。所以即使你有自己的理想，但也非常實際。在逐夢前你都會為自己預先積存足夠的實力與財富，並確保沒有後顧之憂，才會行動。不管你的夢想是成為領導階層或是自行創業，你都會秉持踏實的精神沉穩地走好每一步。

Ⓓ 名牌手錶

你給旁人的感覺就是安全與穩定，而平穩安定的生活的確就是你嚮往的人生目標。你有自己的主張卻不固執，會聽取他人的建議後改進自己的作法。你對自己與周遭的人都相當體貼，更不會做出任何使人感到不便或不愉快的事情，讓所有人都能很放心地與你相處。

Ⓔ 珍貴的植物盆栽

善良的你將周圍人們的幸福當做你的人生宗旨。你經常照顧身旁有困難的人，甚至將關心的範圍擴及街上可憐的流浪動物與乞丐。你總是盡量行善，用溫和的態度善待他人。因為看到別人開心你也會跟著開心，看到別人痛苦你也會感到難過，如此溫暖的心意讓靠近你的人都有如沐春風的感受。

You can make it!
Let it go and relax yourself.

「貧富差距」其實和你想的不一樣

提到「貧富差距」，你應該會聯想到「富者越富，貧者越貧」、「M型化社會」等等現代社會現象。從經濟學的角度來解釋的確如此，但其實並不盡然。

因為，我們可以試著從「心」看待，賦予它另一層截然不同的含義——心靈的財富，是「貧者越富，富者越貧」，其差距是無法用數字來衡量的。

富者不富，貧者不貧

某位貴婦想教導兒子惜福之道。為了讓他體會「匱乏」的感覺，就以度假的名義送他到鄉下的親戚家中住了三天。

回家的路上，媽媽問兒子：「你覺得那裡怎麼樣？」

「還滿好的啊！」兒子回答。

媽媽聽了，又接著問：「鄉下跟我們家有什麼差別嗎？」

兒子開始如數家珍地說：「第一，我們家只有一隻狗；他們有四隻。

第二，我們家的院子有游泳池，裡面是經過過濾消毒的水；他們家前面有個天然的大池塘，水卻很清澈，還有各式各樣的魚在裡頭游泳。

第三，我們的花園晚上用電燈照明；他們家的院子則用星星和月亮。

第四，我們家裡的範圍只到牆邊；他們家的庭院則是一直延伸到天際。

第五，我們每天買飯吃；他們每天煮飯吃。

第六，我們聽ＣＤ；他們聽小鳥、青蛙和其他動物合奏的音樂會，當他們在田裡忙碌時，隨時都有大自然的輕音樂不停播放。

第七，我們家防衛森嚴；他們家的大門則永遠敞開，歡迎每一位朋友來拜訪。

第八，我們的生活離不開手機、電腦、電視；他們則每天和藍天、碧水、綠草及家人常相左右。」

最後兒子還做了個總結：「媽媽，謝謝你！我終於知道我們是如此的貧窮。」

富有的人享受物質，貧窮的人享受生活。富人的幸福感來自擁有，所以他們無法停止追求；窮人的幸福感來自付出，所以他們不必追求。因為，心是付出的起點，也是人們與生俱來、絕對不可能失去的財富。

曾在雜誌上看過一則名作家專訪，那位知名作家提到自己有幾個富有的朋友，都住在台北市精華地段的高級住宅區，用的是百貨公司的名牌商品，每天晚上卻必須吞數顆百憂解，依舊夜不成眠。明明生活在豪宅裡，冰冷的大理石卻讓原本坪數大的家更顯冷清，因為大家平時都各忙各的，回到家又窩回各自的房間，零互動的關係讓難得同桌吃飯的片刻都顯得異常沉默，草草結束。

缺少了與重視的人之間的聯結，擁有再多的物質享受，心靈也不可能得到滿足。縱使在獲得的那一瞬間有了幸福的感覺，也不會持久，因為沒有人和你分享。

唯有分享，快樂才會綿延不斷。若你還在為生活掙扎，請不時的記得，財富只是賴以為生的工具，不必為了它過分勞碌；若你現在衣食無虞，也請不要忘記與他人分享。因為情感交流的支援，才是通往幸福的途徑。

物質財富≠心靈財富

貧富差距的問題，並非當代獨有。美國在一九六〇年代就曾因貧富間差異懸殊，產生了許多的社會階級矛盾，讓窮人與富人互相仇視，成為階級落差的不定時炸彈，隨時都有可能引爆。當時的美國政府構思了許多政策，但效果微乎其微。沒想到，一位記者精心策劃的兩段紀錄片才剛播出，就解決了許多對立的情緒。影片的內容是這樣的：

第一部影片中，一家公司的總經理坐在豪華的辦公室裡不停忙碌，雖然西裝筆挺，但一臉疲憊、神情憔悴。另一段影片則是拍攝一位清潔工，他穿著破舊但不骯髒的藍色工作服，一邊掃地，一邊嘴裡還哼著美國的鄉村歌曲，十分樂在其中。

這兩段影片改變了整個美國社會對富和貧的認知。當時，攝製該片的記者也為此下了最好的註解：「富有的人因為欲望太多，必須花費許多的心力才能達到目標，所以神情疲憊；但窮人因為生活簡單，想要的不多，所以很輕易就能獲得滿足，因而神情愉悅。」

所以，面對字面上的「富」與「貧」，你是否也有了不同的思維與感受？

「貧富差距」的幸福心定義？

＊嘗試不用物質衡量幸福，而用生活中的溫馨小事、人與人之間的互動來定義富足的標準。例如：我的家人們都還健在，因此我很富有；我能做自己喜歡的事，並樂在工作，所以我很富有……。

＊用付出的多寡來重新衡量幸福。幸福的人有一個共同點，就是容易出現較多的利他行為。實驗結果顯示，幸福的大人和小孩都更有同情心，也更願意捐錢給需要的人；相反來看，利他主義者也比利己主義者更容易成為幸福的人。

物質的滿足並不等於心靈的滿足。人們在短暫的一生中不斷追求幸福，卻在尋尋覓覓的過程裡不知不覺地侷限了幸福的定義。我們固執地認為得到金錢就能滿足，穿戴名牌就能快樂，擁有房產就能安定……。

其實，幸福可以不那麼狹隘。它可以來自於今天溫暖的陽光，路邊可愛的小貓，或是一段開朗輕快的歌曲。放寬你的幸福接收器頻率，幸福就會無處不在。

How to do?
心靈的富足定義，是「貧者越富，富者越貧」。

真心擁抱幸福，就從不比較開始

Let it go and relax yourself.

若我們只是想獲得單純的幸福，那很容易；但若是想讓自己比別人更幸福，那就很難做到。因為我們對別人幸福的想像，總是超過實際的情形。

真正的幸福無須比較，真正幸福的人往往很低調。因為不比較，所以不曾覺得自己的處境值得堪慮、可憐，當抱怨減少了，一個人的性格自然恬淡自適。

比較是所有欲望的起點

「人比人，氣死人。」這雖然是句俗話，卻很實在地反映了許多人的真實情況。

一位史丹佛大學的心理學家亞歷山大在研究中發現，人們往往看不到別人的「不好」，反而特別關注自己的「不足」。

我們總是習慣比較。當學生的時候，比誰的成績好，誰比較得老師寵愛；談戀愛的時候，比誰的男友帥，誰的女友比較可愛；出了社會之後，比誰的薪水高，誰的工作比較輕鬆……。

若是比別人好，便沾沾自喜；比別人差，就免不了羨慕，接著心生嫉妒，開始埋怨起自己現有的不足。

就像小時候大家都讀過《白雪公主》的故事。故事中的壞皇后，總是一次又一次地問著魔鏡：「魔鏡啊魔鏡，誰是這個世界上最美麗的女人？」

似乎，不比較，就感受不到自己的美；不比較，就對自己的容貌失去信心。

難道皇后不夠美嗎？事實絕非如此，但在比較的過程中，她渴望成為世界上最美的女人，因此墮入了無盡的黑洞。

試想，若是故事中的皇后擁有的不是一面魔鏡，而是一面普通的鏡子，當她攬鏡自照時，或許便會由衷地認同自己的美麗，也能與白雪公主幸福共處。

真正的幸福，無須比較

還記得朋友曾提過一段往事：

她大學畢業就順利考上國立大學的研究所。放榜那天，她開心地上網與大家分享她的喜悅，卻赫然瞥見一個名為「幸福女孩」的暱稱。或許是幸福得過了頭，好勝心與優越感讓她想與那個女孩一較長短。

於是，她傳了封訊息給那個女孩：「我剛考上國立大學的研究所，還有個疼我的男友和經濟寬裕的父母。你有比我更『幸福』嗎？」

許久，那個女孩才終於回覆：「日前我出了車禍，斷了右腿，但我的左腿還在；也因為這場車禍，我失去男友，但我的父母仍舊深愛著我。這就是屬於我的幸福。或許它在你眼中顯得微不足道，但這獨一無二的幸福，只有我自己才能親身體會。」

朋友頓時覺得無地自容，最後還寫信向她道歉。

比較會衍伸出羨慕與嫉妒，數之不盡的欲望便由此開始。但是，世界上找不到完全相同的兩個人，也不會有兩份完全相同的幸福。你的幸福會暈染上專屬於你的獨特顏色，沒有其他事物可以取代。所以，幸福不能比較，也無從比較。

如何放下比較心？

* 我們無法避免被排名，但我們可以選擇不去看排名。
* 永遠記得自己很獨特。在你身上，一定也有自己特別喜歡的地方，把它們寫下來貼在牆上，或者寫在鏡子上，每天出門前看一看。
* 真的覺得累的時候，放棄競爭也無所謂。反正天又不會塌下來，怕什麼？

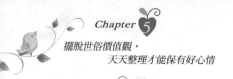

若是你有自己的專長，請盡情的去發揮；若是你有喜歡的興趣，請盡情的去品味；若是你覺得自己什麼都沒有，請記得，你還擁有自己。

世上萬事萬物都有其特殊之處，也都是同等的存在，同等的被需要。沒有誰特別優秀，也沒有誰特別低劣。沒有比較，那些所謂的優越感與自卑感都將不再作怪，因為你的存在，就是最獨一無二的幸福。

How to do?
你不用和別人比較，只需要扮演好全世界獨一無二的你。

You can make it!
Let it go and relax yourself.

他人的看法，無法衡量你真正的價值

但丁在他的名著《神曲》中寫道：「走自己的路，讓別人去說吧！」既然人生的道路終歸是通向死亡，誰說什麼都無法改變，我們何不照著自己的心意去走呢？轉彎直行都隨你，就算跌倒了也不需要怨天尤人，因為這是自己的選擇。或許身邊的人會因此擔憂，但活著就這麼一次，面對嘲笑你的人，不必理會；面對關愛你的人，說聲謝謝。

然後，走你自己的路。

你何必在意別人怎麼看？

你是否想過，為什麼我們會這麼在意他人的評價？我們常常懷疑自己的觀點或立場，希望藉由他人的認同來強化自己，站穩腳步。有的時候，是因為我們不知道自己想要什麼。當我們心裡感到不安，就會渴望從旁人身上得到指引。

有位知名的畫家曾在自己的個人畫展上，展出一幅最得意的作品，並且在旁邊放了一支筆，請每個前來看展的觀眾將他們所認為畫得不好的地方，用筆標示出來。當第一天的展覽結束後，畫作上到處都佈滿了標記，看來似乎不太受歡迎。

過了幾天，畫家又再次展出一幅完全相同的作品，同樣在旁邊附上一支筆，但這次他希望每位觀眾能夠指出他們認為畫得最好的部份。當展覽結束後，這幅畫又被畫滿了大大小小的標記。神奇的是，先前被批評過的地方，現在全部換成了讚美的記號。

每個人都習慣從不同的立場來評斷事物，你也可以有自己的想法，儘管大膽地去表達。不需要顧慮是否正確，因為所有的事原本就無關對錯，只有適合或不適合的問題；而你同樣不必為正確與否而擔心，因為時間會替你證明一切。

如何面對他人的評價？

＊你可以適度接納別人的建議，但當外在的訊息已經多到足以擾亂你，使你不知所措的時候，不如關上耳朵，隔絕那些惱人的雜音，把心神專注在自己的目標上。

＊你不需要擔心對錯，因為不會有人永遠百分之百正確，要試過才知道，錯過才曉得。

＊專注在你的目標上，或許就是成功的契機。所以，做你自己就好。

著名歌手范曉萱，曾在一次採訪中，提及她對自己的看法：「我曾經活得很累，因為我過於關注別人的感受，太在乎別人如何看自己，因此花費了很長的時間來思考別人是怎麼看待我的。希望自己能面面俱到，所以我的壓力很大。現在，我學會了做回真正的我，也終於能大膽將自己的看法表達出來。我只想讓自己不要活得那麼累，盡可能的輕鬆一點。」

過度在意他人的想法，只會使自己持續活在痛苦之中。生命可不長，別將時間花在那些不了解你的人身上。或許你無法成為優秀人士的翻版，但絕對有能力做到最好的自己。

堅持自己的信念，幸福就會隨之而來

大花貓注意到，住在隔壁的小黑貓總是不停地追著自己的尾巴。有一天，大花貓忍不住問牠：「你為什麼要一直追自己的尾巴呢？」

小黑貓說：「因為，別人總是跟我說，幸福要努力追求才能擁有。對我來說，幸福就是我的尾巴。所以我要不斷地追逐我的尾巴，等我追到了，我也就抓住了幸福。」

大花貓聽完，嘆了口氣，緩緩說到：「孩子啊！這的確是個深奧的問題。過去別人也這麼告訴我，我曾經因此感到迷惑，甚至也動過追逐自己尾巴的念頭。後來，我終於明白了，不管我如何追逐，它總是難以在我的掌控之中。但當我一心一意專注在自己的事情上，不去在意它，我就發現，無論我走到哪裡，它就會跟著我到哪裡。」

若是你不知道該怎麼辨的時候，聽聽他人的看法也無妨，或許你真的可以從中發現有用的建議。當你建立了自己的目標，儲備了足夠的自信，你就會漸漸發現，別人怎麼說已經不再那麼重要，因為你根本不會有多餘的力氣去管別人怎麼想。所以，著名的美國哲學家喬治．桑塔亞那才會這麼說：「哥倫布發現了一個新世界，卻沒有使用航海圖，因為他用的是懸掛在天空中指引方向的『信心』。」

這一生，你不可能讓每個人都開心，不如將精力放在能讓自己開心的事情上，別人愛怎麼說就隨他去吧！

How to do?
堅持你認爲對自己最好的事情，其他的就交給時間去證明吧！

別忙了，地球不會因為沒有你就停止轉動

You can make it!

Let it go and relax yourself.

許多有能之人往往活得很累，習慣照顧別人的人總是活得很辛苦。他們經常把責任一肩扛起，或許一開始純粹是出自一番好意，心想「能者多勞」或「我不做就沒人做」，最後卻因此忽略了自己。

但是，沒有什麼事情是真的非你不可。當你感到非常疲累，甚至無暇顧及身心時，就應該多愛自己一點，讓旁人替你分擔一些。相信我，你和別人的世界，並不會因此塌陷。

別讓「自以為是」的責任感作祟

有位大企業家總是十分忙碌，經常埋首於工作中，難得有空閒的時候。最近他時常感到身心俱疲，因此跑去看診，想知道自己的身體出了什麼問題。

診療之後，醫生發現他的身體不適應該是由於過勞，因此告誡他不得太過勞累，工作一段時間就要做適度的休息。

大企業家聽到醫生的囑咐，立刻搖搖頭說：「我哪有時間休

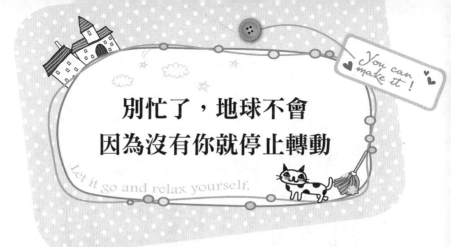

息！我的工作這麼繁重，每天還要應付龐大的壓力，卻沒人能替我分擔。醫生，您可以想像嗎？我那重得像石頭的公事包裡，還有一大疊的緊急文件在等著我處理呀！」

醫生聽了非常訝異，於是問他：「難道白天這麼忙碌，晚上還要繼續加班嗎？」

企業家焦急地說：「當然！因為那些文件實在太緊急了！」

醫生又問：「難道沒有其他人可以幫你處理這些文件嗎？」

「不行啊！他們根本就沒有能力處理這些文件，而且這些事必須要盡快處理好，否則公司的業務就會大受影響。」企業家仍然十分焦慮。

醫生感到很無奈，只好給他開了一個治療處方：「每天下午預留兩小時的空檔外出散步，每星期抽出半天的時間待在墓地。」

企業家看了，感到十分不解，便問醫生：「為何要花半天的時間待在墓地呢？」

醫生平靜地對企業家說：「我希望你待在那裡時，可以多去看看那些已逝者的墓碑。許多人生前可能都和你一樣，認為所有的事情都必須親力親為，少了自己事情就辦不成。但是，當他們過世之後，地球並不會因此停止轉動，其他人仍然能夠繼續生活。總有一天，你也會加入他們的行列，但你的工作還會由其他人承接下去。當你站在墓碑前，請好好思索一下這個事實，或許你就能明白箇中道理。」

企業家總是把工作上所有的責任都攬在自己肩上，所以活得很累。但實際上，不可能所有的事情都非你不可，你也不可能一個人完成所有的事情。嘗試著放手給他人處理，讓自己有一點喘息的時間和空間，或許你就會發現，這件事其實別人也能做，說不定有人還可以做得更好。工作、家庭、金錢……這些層面的確都很重要，但沒有一件事比能夠健康的活著更重要。

下次，當你不自覺地說出：「我沒有時間休息，這些事情非我不可！」的時候，請一定要記得提醒自己，你現在正在進行的所有工作，出發點都只是為了能夠讓自己「好好地生活」。

千萬別讓生活的外在形式，壓迫了你生命的目的。

在承擔之前，先學會愛自己

佩琪正值中年，與老公獨立經營一家店面，還有兩個已成年的孩子。生活雖過得不寬裕，但也足夠溫飽。她臉上總帶著笑，讓人很難想像她從前竟罹患過憂鬱症。

在過去診療時，她曾與我提起自己年輕時的事情。由於原生家庭的家境不佳，心疼年邁的父親工作辛苦，她很早就選擇半工半讀，並將絕大部份的薪水拿回家奉養父母。

數年之後，她甚至協助父母買了一間房子，使父母可以安心養老。然而由於老人家重男輕女的觀念，房子在父母過世後就留給她的兄弟繼承了。

佩琪其實相當年輕就結了婚，但公婆待她也不好，她因此仍過得十分辛苦。直到後來，她與先生搬出婆家，開始獨自工作與生活，生活才開始順心一些。

每當她談起過往時總是眼眶泛淚，哽咽著說：「從前那些事，我不做，沒人會做，於是我只曉得不斷付出，不斷地去照顧別人。但我從未學過如何照顧自己。」

如她所言，她是個疏忽自我的病人，平常只要不舒服的症狀一消失，就常常忘了約診與服藥的時間，但對於照顧丈夫和孩子，卻是無微不至。

為了讓她重新活出自我，我告訴她：「或許當時的時空背景，不允許你花心思在自己身上，但現在狀況已經不一樣了。在照顧別人之前，你該先學會愛自己。當你把自己照顧好了，才會有照顧他人的能力。」

其實你多愛自己一點，生活並不會因此就崩毀碎裂。當你無法愛自己，為此必須承受身心上的疲累，會讓你不自覺地更想埋怨那些看起來是利用了你的努力，而獲得享受的人。

對自己好一點，花點心思照顧自己，讓身心都能輕鬆，其實，這會讓你愛的人和愛你的人也感到輕鬆。他不必費許多心力照顧你，更不會被你的情緒壓得喘不過氣。

如何多愛自己一點？

＊在生命的舞台上，你是為了自己而演出，所以千萬不要為了任何人或是任何事情犧牲自己。你只要做到讓自己覺得幸福，大家也能感染到你的快樂而幸福。

＊每天花點時間，讓身體和心靈放鬆。不論什麼時候，你都可以深呼吸，閉上眼睛，把緊張釋放出來。呼氣的時候，請輕輕地對自己說：「我愛你，一切都會變好的。」然後，你會感受到放下緊張和恐懼的生活，竟如此美好。

疼愛自己，是療癒心靈最好的方式。因為沒有任何人比你更了解自己，所以用什麼樣的方式能得到真正的休息、重新獲得能量，是你要去找尋並持之以恆的生命功課。別忘了，人生於世，每個人都有自己的責任，別人並不會因為你完成了他們的課業而獲得解脫，相對地他們還會因此原地踏步，永遠學不會而受苦。

有能之人，學會適時的放手，在你分身乏術之時，就是對人、對事最大的成全。

How to do?
多愛自己一點，把一些責任分給別人，他們會很樂意幫忙的。

擁抱日常小挫折，未來抗壓零阻力

現在醫療資訊發達，應該很多人都已經知道，要預防老年失智症的其中一種方法，就是給予刺激，促使老人家多多用腦，所以才有人提倡讓老年人打麻將。因為方城之戰有輸有贏，若是打輸，更能激發想贏的鬥志，思考該如何才能獲勝，這樣的過程反而令老人家更有活力，顯得神采奕奕。

最近的研究還指出，每週禁食一至二天，以缺乏食物的挫折刺激腦部活力再生，也能夠預防腦部退化。

由此可見，其實挫折與與缺乏才是我們活下去的動力。若是生活過得太安逸，生命將以意想不到的速度轉眼消逝。不如把挫折當禮物，把痛苦當老師，那麼就沒有任何事能夠難得倒你。

樹苗少澆水，才能長成參天大樹

在我的祖父母家隔壁住了位大學教授，他主修的是植物學。因為教授家有個很大的院子，所以種了很多樹苗，但我卻很少看到他為樹苗澆水，那些樹苗也因此長得比別家的樹要慢許多。

某天經過教授家門口，正好碰上那位教授，便站著與他閒聊。我於是趁機問他：「教授，您沒有經常給小樹苗澆水，難道不會擔心樹因此長不高嗎？」

原來，教授自有一套獨特的「植樹理論」，他說：「我如果天天替這些樹苗澆水，水分得來容易，那麼樹根就會習慣潛伏在土壤淺層的環境，放棄向下生根。可是，因為我不常澆水，雖然樹確實會長得比較慢，但如此一來，樹根就會向土壤深處延伸，去尋找足夠的水及養分。而有了深根的樹，長成之後，才更能抵抗各種惡劣的天候。」

若是父母在孩子年幼時，便讓其在適度的挫折下成長，這樣的孩子長大成人後，遇到挫折，就能夠站得穩，甚至跌倒了，也會自己再爬起來。

面對生活中的小挫折，我們若是選擇與它面對面，不因麻煩、害怕而逃避，往後遇上了生命中無可避免的重大失敗，同樣可以堅強面對，如同教授的小樹那般，即使外頭的風再強，雨再大，也無法將我們擊倒。因為，我們早已蓄積了足夠的能量。

培養自己的挫折抵抗力

在國外曾經進行過一個動物實驗：

研究人員對僅數週大的小白鼠給予電擊，使牠們一直處於又挫折又緊張的狀態，待這組小白鼠長大以後，遇到任何困境，都能妥善地應付情緒的轉折。

同時，研究人員讓另一組小白鼠在安穩的環境裡成長，實驗結果則顯示，小白鼠成年後，對各種痛苦的刺激，就顯得怯懦和行為異常。

相同的研究結果能應用在人類身上。人類在嬰幼兒時期所受的刺激，可使成年後的行為具備更佳的適應性和多變性。若從小就一切順利、很少承受挫折打擊，就沒有足夠的機會學習和累積對待挫折的經驗，因而遭遇逆境時，往往需要較多的時間步入常軌。

據說德國人擁有堅毅的民族特性，就是來自於德國父母從孩子小的時候，就有意識地去陪他們承受挫折的能力。在德國，即使家境富裕，平時也會故意製造令孩子產生「挫折感」的機會，諸如發現錯誤但不提醒，直到因錯誤而產生的障礙浮現，才藉此機會教育，告訴孩子要如何避免錯誤和應對挫折。

其實，面臨考驗，每個人都有一套調適自己的方式，關鍵只在於恢復時間的長短。就好像當流感季節來臨，許多人都得了感冒，卻因為抵抗力不同使得復原時間有差異。而對疾病的抵抗力是怎麼產生的呢？關於這點，科學家們一致認為，若自小就常接觸自然環境，身體有了對外來病源的記憶，長大後就會有較強的疾病抵抗力。

如何練習應對挫折、困境？

＊偶爾刻意為自己製造小小的難關，或許會有意外的收穫。例如：氣象報告說明天的降雨機率是百分之八十，你卻故意不帶傘。測試看看，若真的下雨了，你會怎麼應付？

＊生活中的小挫折能夠使你更加堅強，不要抗拒它們，從這些挫折中一點一點學習，一點一點地累積經驗。當巨大的困境來臨，它們都將成為你臨機應變的絕佳武器。

不要擔心自己會陷在困境中無法脫離，而是將它視為增強挫折抵抗力的練習。如此，走出困境，就只是時間的問題，而未來的路，將會因此變得更加平順。

How to do?

把眼前的小挫折當成練習，就是爲自己事先儲備足夠的抵抗力。

You can make it!

人生不過一瞬，得失不過一時，加減過就好

Let it go and relax yourself.

「不要把生命看的太嚴肅，反正我們不會活著離開。」福特汽車公司的創立者亨利．福特曾豁達地如此說過。

這並非鼓勵我們放棄，而是說，當你努力過了卻無法如願、而命運卻在恣意彰顯它擺弄人生的權力之時，你要知道，無論你現在是得到或失去，生命最終的結果都相同。

所以，不要把得失看得太重，因為在生命消逝的時候，我們將什麼也帶不走。

失去，只是回到你還未擁有的時候

北宋的大詩人蘇軾，某天和好友佛印禪師一同乘船過河。突然聽到旁人大喊：「有人跳水自殺了！」

禪師一聽，立刻跳進水中，救起了剛才落水的人。那是名年輕的少婦，被救起後就一直哭個不停。

禪師於是問她：「妳這麼年輕，是什麼事讓妳如此想不開，非得要尋短不可？」

少婦哭哭啼啼地回答：「我才成親滿三年，丈夫就拋棄了我，而我的孩子也因病死亡。我現在什麼都沒有了，一個人苟活在這個世界上還有什麼意思呢？」

禪師聽完，又問：「那麼妳三年前又過著怎樣的生活呢？」

少婦止住哭泣回答：「三年前？我那時還沒有出嫁，日子過得相當無憂無慮。」

「那妳當時有丈夫和孩子嗎？」禪師再刻意追問。

「當然沒有。」少婦回答。

「那妳現在只不過是被命運送回了三年前而已。」禪師接著說：「從此以後，妳又可以繼續過著平靜自在、無憂無慮的日子了。」

少婦聽進了禪師的話，擦擦臉上的淚痕，不久後，起身謝過佛印禪師便離開了。

失去身外之物，不會讓我們的人生變成負值。我們來到世上，原本就是兩手空空，什麼也沒有；走的時候，也是兩手空空，什麼也帶不走。所有我們「獲得」的東西，都是以「我」這個本體為基礎，附加而上的事物。

因此，我們不會真正得到什麼，也不曾真正失去過什麼，又何必去在乎那些來來去去，本就不屬於「我」的東西呢？試著用減法計算人生，你會忽然明白，其實，得失不過如此而已。

人生，其實從來不曾失去

傑利才剛從大學畢業，準備研究所入學考試的同時，他也去應徵了一份非常嚮往的工作。不幸的是，他不僅沒有考上研究所，應徵的工作也沒有被錄取，甚至女友也離他而去。一連串的打擊令傑利萬分消沉，在他人面前，他變得陰鬱而退縮，幾乎不與別人有任何互動。他的好友十分擔心，因此帶著他來找我。

「老師，我的研究所考試失利，想要的工作沒被錄取，還和交往三年的女友分手了。我現在完全一無所有了！」傑利哀傷地對我訴說。

我面帶微笑地問了他幾個問題：「你怎麼會認為，自己什麼都沒有了呢？我們先來思考一下，五年前的你，大學畢業了嗎？」

「沒有。」傑利回答。

「是的。所以現在的你，比五年前的你，多了個學士的學位！」

緊接著，我又問：「那麼五年前的你，學得本科系的一技之長了嗎？」

「沒有。」傑利回答。

我說：「沒錯。所以，現在你的專業能力比起五年前的你要好得多！」

我又引導地問：「那麼五年前的你，跟剛分手的女友在一起了嗎？」

「當然沒有。」傑利感到莫名其妙地看著我。

我拍拍傑利的肩膀，對他說：「是啊！所以這五年中，你不僅已大學畢業，在大學裡還交到了很多好朋友。

你不僅沒有失去什麼，你的生命中反而多出許多原本沒有的東西！這是多大的收穫啊！」傑利這時才恍然大悟地重新振作。

人們剛出生時，就像一張白紙，在往後的人生裡，會有各式各樣的事物，為這張白紙增添繽紛絢爛的色彩，最終成為一幅美麗且獨一無二的人生風景畫。過往的一切，都會在這幅畫上留下淡淡的筆跡，而時間並不會令其黯淡褪色，反而將越來越豐富多彩。

如何用人生加減法看待得失？

＊人生的減法，是想：「我本來就沒有，我現在也只不過回到原來的狀態」。

＊人生的加法，是想：「一路走來，我已經獲得了許多，即使看來少了什麼，仍增加了很多原來沒有的東西」。

＊這麼看來，人生其實從未失去，只有滿載而歸的經驗與體會！

生命的成長永遠是正向的增加，而非負向的減少。即便表面上看來似乎是失去，但你仍從中獲得了經驗、感動與體悟。用加法計算人生，你會忽然發現，其實，生命是如此的富足，只是我們一時被困境的迷霧蒙蔽了雙眼，以為那些曾經擁有的已然失去。

其實，凡走過必留下痕跡，曾發生在生命中的那些人、那些事，待鉛華落盡，反而更能看出其中閃閃發光的價值，這就是存在的無價。

How to do?
生命的成長永遠是正向的增加，而非負向的減少。

提升幸福敏感度，快樂要靠自己追尋

曾聽過一首歌唱道：「快樂是自找的，不是你給我的。」簡短的歌詞，卻唱出了許多人心中的盲點。當我們不快樂，總是習慣性的去怪罪別人：戀情不幸福，是情人的錯；家庭不幸福，是父母的錯；生活不幸福，是環境的錯……。

其實，你不快樂，是你的錯。因為快不快樂，幸不幸福，是一種心態，旁人無法左右，只能自己感受。

小快樂會累積成大幸福

一位父親看到兒子每天上學前都愁眉不展，為了讓他開心地出門上學，他想出了一個辦法：每天早餐時先講一個笑話。幾個月後，他發現兒子的成績明顯地進步了。於是，他更加關注自己對兒子的正面影響，並努力讓自己的每一天過得更快樂。

事實上，快樂並不用特別營造，因為它無時無刻都存在，只要你意識得到。

若是你認真觀察自己快樂的頻率，就會發現，「小」快樂往

往比「大」快樂更容易持久，也更容易使人感到滿足。這是因為，當我們感覺非常快樂時，神經感官受到了高度的刺激，便無法在短時間內再次激發下一波更強的快樂。所以往往前一刻我們放聲大笑，情緒高漲，下一刻卻開始覺得心裡空空蕩蕩，似乎剛才的快樂只是幻影。

然而，小快樂卻與此不同。一個會心的微笑，可能是因為今天的天氣很好、購物的時候有折扣、居然在地上撿到十塊錢……等等，小小的事情，也能讓我們幸福一整天。

轉個彎，快樂變簡單

有位婆婆要到國外去看女兒。在飛機上，她和鄰座的小姐聊起天。

婆婆問：「年輕的小姐，妳這趟出國是去旅遊的嗎？」

小姐回答：「不，我是準備去和男友結婚的。」

婆婆驚喜地說：「好巧，我在國外的女兒也要結婚了。我這次出遠門就是要去參加她的婚禮。」

話還沒說完，飛機突然一陣劇烈的搖晃後，廣播隨即傳來機長的聲音：

「各位乘客，飛機由於出現不明原因的機體故障，必須緊急迫降。」

機上所有乘客一陣譁然。年輕的小姐全身發抖，卻瞥見婆婆安然地待在座位上，絲毫沒有緊張的神色。

小姐忍不住追問原因：「婆婆，妳怎麼一點都不緊張？」

婆婆平靜地說：「因為，如果飛機迫降成功，我就可以到國外去看我的女兒；要是迫降失敗，我就可以去見我的兒子了。」

原來她的兒子幾年前因意外喪生了。但婆婆的個性樂觀豁達，始終用坦然的心態面對生命的考驗。

俗話說：「相由心生，境由心轉。」若是整天沉溺在悲傷情緒中無法自拔，久而久之，臉上的神色就會是眉頭深鎖、命運坎坷；但若是隨時關注生活中點點滴滴的快樂，眉宇間自然而然就會散發明亮的光彩。

明明每天都有這麼多美好的人事聚集在我們的身邊，但我們卻往往只注意到那些小小的不順與摩擦。若是要將過往的傷痛都背在自己身上，那麼無疑是把自己變成一台「悲劇接收器」，用負面的電波再吸引更多不幸的運程。

既然如此，你怎麼不試著調整一下天線的角度，轉化一下心境的視野，為自己親手製作一台「幸福接收器」呢？以下就有許多方法，足以借鏡。

如何提高自己的幸福敏感度？

＊你應該經常去挖掘生活中的快樂元素，甚至可以自己製造讓心情愉悅的幸福時光。

＊隨身帶一本笑話集，或是能夠舒緩心情的療癒小物，在休息的時候，透過笑聲的釋放讓自己真正放鬆，都是很好的辦法。

＊把愉快的感受放大一點，就能讓自己隨時保持陽光的心境。

面對紛繁複雜的人生，你的目光會集中在哪裡？如果你總看向煩惱與痛苦，生命就會黯然失色；如果你把焦點轉向快樂，你將會得到幸福。轉個念，快樂就會在你眼前。

生活中處處有俯拾即是的小小感動，稍微用心一點，你就可以將它撿起來，收進心底，慢慢累積。當你覺得不順利，四處碰壁，唯有心中的溫暖，會不離不棄地陪你度過難關。

How to do?
去Happy一下吧！因爲只有你知道怎麼做才能讓自己最開心。

You can make it!

回歸生命本質，享受生活其實很簡單

Let it go and relax yourself.

為什麼小孩可以每天都無憂無慮、快樂生活？那是因為他們想得不多，要得也不多。若是生活中基本需求不虞匱乏，他們便心滿意足。

然而，當我們漸漸長大，欲望越來越多，想法也越來越複雜。我們開始分不清想要和需要，開始習慣說話拐彎抹角，開始練習用複雜的眼光去看待世界……然後，把幸福也變得複雜。

用心體會，還原最初的美好

從前有個國王，他希望能將都城中的一座寺廟整修得莊嚴又美麗，於是派人到處去尋找技術高明的匠師。

幾天後，國王派出的使者帶回了兩批人馬。一批是城中頗負盛名的幾位畫師和工匠，另一批則是幾位和尚。

國王為了判斷出哪一組的技藝最為高超，而出了一個考題：他們各自去整修一間小廟，五天之後再來比較成果。為此，工匠與畫師們請國王賞賜了許多色彩繽紛的顏料與各式各樣的工具；

而和尚們卻只和侍從要了幾條抹布與幾個水桶。

五天之後，國王如期來驗收成果。他首先巡視了工匠與畫師裝修的小廟。匠師們的技藝果真是名不虛傳，小廟的雕飾極其精巧，還以五顏六色的顏料修飾得美輪美奐。國王十分滿意，連連點頭稱好，才又轉身去看了和尚們的成果。

這一看之下，他卻當場愣住了。

因為和尚們什麼裝飾都沒做，只是把所有的門窗、桌椅、牆壁等擦得一塵不染、窗明几淨。這樣辛勤的擦拭，讓寺廟內所有的物品都呈現出它們原本的色澤，光亮的表面甚至還反射出周遭風景的倒影。霎時天空的雲彩，搖曳的樹影，甚至對面五彩斑斕的寺廟，都成了它裝飾的一部分。

所有的人都被這純淨又莊嚴的寺廟感動了，最後的勝負自然是不用多說。

我們的心就像那座寺廟，被世間的俗事蒙上一層又一層厚厚的灰塵，只要勤於擦拭，就能回歸它原本美麗的顏色。

生活原本就十分美好，不需要刻意加上許多裝飾，才能讓它顯得多采多姿。並不是說裝飾不好，但裝飾得越多，代表我們必須花費更大的心力與財力才能維持。如同那間裝飾得精雕細琢的寺廟，日後肯定還需要不時地維護、甚至更多的人力和物力才得以維持，如此一來反而是讓自己徒增更多的煩擾了。

生命的本質，才是宇宙中恆久不變的真理

一次與大學時代的幾位好友相約去拜訪老師。老師見了我們非常高興，關切的問起大家的生活近況。

沒想到，一句話卻問出了眾人滿肚子的苦水：工作壓力極大、生活瑣事繁多、經商的撐不過金融風暴、從政的免不了被前輩打壓……似乎沒有人的生活能夠稱心如意。

大家的抱怨，老師聽了卻只是微笑，並從廚房拿出了許多各式各樣、形態各異的杯子。這些杯子有瓷器的、玻璃的、塑膠的，有的杯子看起來豪華而高貴，有的則顯得普通而簡陋。

老師說：「大家都是我的學生，我就不把你們當客人招待。你們要是口渴，就自己隨意倒水喝。」大夥聽了，便各自挑個杯子，去倒水來喝。

這時老師又說話了：「你們有沒有發現，在你們手裡都是最別緻、最好看的杯子。但這些塑膠杯，卻沒有人選它。」

眾人面面相覷，卻不太明白老師的話中有話。

老師說：「這就是你們煩惱的根源。大家需要的是水，而非杯子，但我們有意無意地會去選擇漂亮的杯子，這就如同我們的生活。如果生活是水的話，那麼，工作、金錢、地位這些東西就是杯子，它們只是我們盛起生活之水的工具，而杯子的好壞，並不影響水的品質。如果將心思花在杯子上，大家哪還有心情去品嘗水的甘甜？這不就是自尋煩惱嗎？」

生活是本質，外在的一切，則是生活的裝飾品。過分在意裝飾品，就像美麗的造型蛋糕，乍看之下賞心悅目，嘗在嘴裡，卻是甜膩的糖衣及乾扁的口感，一點也不美味。造型蛋糕只能在特定的時刻作為生活的點綴，但外型普通的美味蛋糕卻是休閒時光的良伴，即使沒有漂亮的裝飾，只要吃過一口，下一次你一定還會想再嘗。這就是生活，平淡卻持久。

如何讓自己享受生活？

＊練習不必為了工作的好壞、物質的多寡、地位的高低而煩惱，用心享受當下的生活。

＊若是你的薪水足夠花用，那麼即使不要求更高的收入也無妨。

＊只要不構成生活的障礙，那麼把心安住，不去汲汲營營的追求，就能簡簡單單過生活。

花費過多心力在外在的事物上，把自己弄得疲累不堪，無疑是捨本逐末。你不會只因換了件衣服就不再是原來的你，生活也一樣。不需要為了人生無常感到失落沮喪，因為，生活的原貌，從來就不曾改變，只待你用心發掘。

How to do?
只要不會嚴重影響生活，身外之物即使不能擁有也無妨。

生命很短，時間不多，

為什麼要讓難得的人生承載難受的情緒？

把心留給自己，用愛豐富每一天。

你可以保存歡笑的記憶，

更擁有主動創造幸福的超能力！

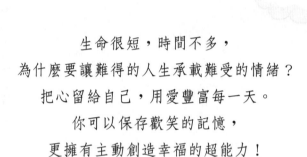

Chapter 6

練習收納美好記憶，維持乾淨清爽的心空間

測試你的樂觀指數有多少？

心靈雜物搜查線

你存了一大筆錢，終於可以實現自己的購屋計畫，因此找上房仲為你介紹。並鎖定了其中一戶各項條件都不錯的房子，讓仲介帶你實地看屋。在參觀過客廳和廚房之後，你前往主臥室，那裡有一扇窗戶，當打開窗戶後，你覺得會看到什麼樣的景色呢？

Ⓐ．前任屋主留下的植栽。
Ⓑ．大馬路上來來往往的行人。
Ⓒ．隔壁大樓的陽台。
Ⓓ．能看到遠方朦朧的山。

結果分析

Ⓐ 前任屋主留下的植栽：樂觀指數 25%

只能看到近在眼前的景色，想必你對未來並沒有懷抱什麼期望，講得好聽一點是非常務實，但其實是太過悲觀。好不容易存到買房子的錢，即使買屋的過程會有繁雜的手續，也該高興一點嘛！你可以設定較為實際的目標或條件，就能以穩健的步調朝理想邁進。並不是勉強你變成樂天派，但抱持多一點樂觀的想法，往往會讓前方的路變得更寬廣哦！

B 大馬路上來來往往的行人：樂觀指數75%

能看到這個距離，表示你對未來還抱有一定的期待。對於規劃未來你有一套自己的想法，並認為只要按部就班進行，達成夢想是指日可待。即使外在環境條件不佳，讓你在人生的旅途中屢屢受挫，你也不會因此灰心喪志。加油哦！繼續保持你的樂觀和開朗，時時充滿自信，並且努力不懈，為自己的信念堅持到底，成功的那天一定會來臨。

C 隔壁大樓的陽台：樂觀指數50%

目光所及只到隔壁的景物，說明你對未來沒有多少信心，可能還有一點消極的想法，認為將來的事太過遙遠，充滿變數。你因此不敢多做計畫，甚至認為計畫了也沒用。但是，你既然能夠存到購屋基金，說明情況其實不如你想像中的那麼糟糕，而且你也有能力完成自己想做的事情。為自己多儲備一些信心，避免傾向悲觀的思考模式，你就會發現，解決問題竟是輕而易舉。

D 能看到遠方朦朧的山：樂觀指數100%

看來你對未來有著遠大的夢想哦！你從不為未來要進行的事假想可能的障礙，而是以正面的態度應對不期而遇的麻煩和困擾。對你來說，與其因為胡思亂想造成無端的憂慮，讓自己充滿朝氣反而更能吸引好事到來。請用你的樂觀為周遭的人帶來希望吧！讓自己的身邊時時充斥陽光的能量，擋不住的好運就會自動降臨！

You can make it!

少少的期待，才會有大大的滿足

Let it go and relax yourself.

某個已婚的朋友，曾跟我笑談他對「美女」的判斷標準。

「所謂美女，當然非我太太莫屬啦！因為我能追得到。至於那些我不認識的，就無從評論啦！」這位仁兄如是說道。

「你這分明是吃不到葡萄說葡萄酸，還兼批踢踢——怕太太嘛！」我笑他。

但他卻理直氣壯地回我：「才不是呢！你想想，那些和你一點瓜葛也沒有的女人，再美，也與你無關啊！花那麼多力氣吹捧她，人家也聽不到，即使聽到了，也不會對你有感覺。何必硬要做沒有回報的投資呢？我又不是傻瓜！」

就算是酸葡萄心理，也酸得挺有哲理的。世間之事不外乎如此，能夠滿足的期望，才值得我們期待；能夠實現的夢想，才有追尋的價值。

憧憬嫁入豪門，不如將心力用來提昇自己

以前曾在網路上看過一篇名為〈如何才能嫁給有錢人？〉的

文章，內容是一名對自己的外表及內涵都相當有自信的年輕女孩，在美國某個網路金融論壇大放厥詞。她希望藉此能嫁給年薪超過五十萬美元的丈夫，並在文章中提出了幾個熱烈引起網民討論的問題：

「為什麼許多富豪的太太相貌如此一般，竟能嫁入豪門，但單身酒吧裡卻有許多令人傾倒的美女無人聞問？」

「富豪們是以什麼標準來區分能交往以及能結婚的女人？」

某位華爾街的金融專家讀了這篇文章後，以一個投資顧問的角度，提供了一篇令所有網友為之絕倒的回覆：

「以專業的角度來看，妳提供的或許是一樁『財』、『貌』相當的公平交易，但了解實情的人都知道，這是個多麼不智的投資策略。它有個顯而易見的漏洞——妳的美麗會隨時間消逝，但我所擁有的財富不會隨時間減少，卻很有可能逐年增加。所以，我持有的是會增值的資產，但反觀妳的資產卻是年年貶值，並且是加速貶值！若美貌是妳唯一的資產，那麼十年之後，妳的價值將令人憂慮。

我想，年薪能夠超過五十萬的人，自然都不會是傻瓜，意即我們不可能做一個失敗的投資——和妳結婚。奉勸妳與其四處詢問如何嫁給有錢人，不如思考如何讓自己的身價提升到五十萬美元，成功的可能性還要大得多。」

如果一心期待哪天能夠被富豪青睞，卻不積極投資自己，那麼期待也只會是妄想。再者，相遇除了主動創造的機會，仍然需要依賴彼此之間的緣份。對此過分期待，最後落到傷心失望的下場，才是最不值得的投資。

平凡中同樣有不凡的幸福，或許它在你眼中顯得平凡無奇，卻可能是他人一輩子的追求與渴望。把焦點放在身邊疼惜你的人，以免錯失真正能夠獲得幸福的機會。

曉得滿足，即使有所缺憾，心也不虞匱乏

自小罹患了腦性麻痺的黃美廉博士，被疾病奪走了她的平衡感與說話的能力，使她的成長過程異常辛酸。但她並沒有被擊倒，最終以自己的努力獲得了加州大學的藝術博士學位。

在黃博士某次的演講中，有個孩子單純地提出了疑問：「請問黃博士，面對身體的缺憾，您向來如何看待？」眾人聽完都捏一把冷汗，十分擔心黃美廉會無法承受這個過度尖銳的問題。

「我怎麼看自己？」黃美廉用粉筆在黑板上重重地寫下這個關鍵的提問。寫完，她

回頭看著發問的小男孩，嫣然一笑後，轉身在黑板上快速地寫下：

1. 我很可愛！
2. 我的腿很長很美！
3. 爸爸媽媽非常愛我！
4. 上帝也很愛我！
5. 我會畫畫！我會寫稿！
6. 我有隻可愛的貓！

場內鴉雀無聲，沒有人再說話。她微笑地看了看大家，再次轉身在黑板上寫下她的人生觀：「我只看我有的，不看我沒有的！」

全場頓時響起熱烈的掌聲。

有形的擁有，總在不自覺中造成負擔；無形的擁有，卻會發自內心感到恆常的喜樂。當你羨慕著別人買名牌，到高級餐廳用餐，卻看不到他們背後有多少令人心酸的歷程。當你同情別人生活困苦，吃住可能都成問題，卻沒發現他們因微小的幸福而感到心滿意足。滿足的感動，永遠是來自於心靈生活的富有，而非物質生活的擁有。

如何提昇自己的滿足感？

* 每天睡前回想五件令你感到滿足的事情，即使很小的小事也不要輕易遺忘，讓每天都在滿足的酣睡中結束。
* 將注意力集中到你現在的生活比過去好的地方，並在心中為愉快的事情保留最高的地位。請經常回想上天對你的福澤，適度調整自己的期望，學習欣賞自己與生俱來的長處，甚至去發掘生活中那許多值得感謝的小事。這種美好的感覺將會深入你的身心臟腑，更可以擴及樂觀的未來。

對於生活，少一點期待，就能多一點滿足。如果一個人的欲望超過了現實，那麼，你的幸福指數可能就會降低。相反地，如果想達到一定的幸福指數，你必須得降低你的欲望，這樣才能心平氣和，減少不滿，快樂自然長相左右。

How to do?

減少不切實際的期待，即使小事也能帶來滿足的感受。

You can make it!

從心驅逐討厭鬼，讓喜歡的人住進來

Let it go and relax yourself.

你有討厭的人嗎？是不是厭惡到看見他就覺得礙眼，連話都不想跟他多說一句的地步？

每個人心中難免會有一、兩個不喜接近之人，平日裡若沒有接觸倒是還好，一旦遇到必須共事之時，可能就會構成關係障礙了。與其讓自己的心念礙手礙腳，最好的辦法，就是讓自己放下喜惡之心。

用放大鏡檢視每個人的優點

當你對某個人反感，一定是他身上有某部分你不喜歡或看不慣的特質，而我們總習慣將不好的那一面放大，導致他的缺點掩蓋了優點，讓你認為此人更一無是處。

要改善這種觀感，第一劑預防針就是——多欣賞他人長處。

客觀來看，就算是你再討厭的人，也一定有喜歡他的人。嘗試著去找出他的優點。或許一開始，你會有股想要抗拒的衝動，但只要抱著「與人為善」的態度試試看，相信此舉可以將你心中

的黑名單刪去大半。

三國末年，一代名臣諸葛亮去世，蜀國的朝政開始由蔣琬主持。蔣琬有名部下叫楊戲，性格孤僻又沉默寡言。每當蔣琬和他說話，他都只是應而不答。

旁人看不慣楊戲的無禮，便向蔣琬進言：「楊戲對您如此怠慢，真是太不像話了！」

蔣琬聽了，卻微笑著說：「人都有各自不同的個性。讓楊戲當面稱讚我，那不是他的作風；若是要他當眾指責我，他也會覺得讓我下不了台。因此，他只好不說話了。事實上，這正是他為人的可貴之處。」在蔣琬的眼中，楊戲的寡言是由於他的老實，若從這角度觀人，映入眼簾的印象自然就舒服多了。

所以，試著聚焦他人的長處，並不是偽善做作。如果你也希望別人能給你一個機會，你是否能先給對方一個機會？這種較無私心的交友之道，不但幫你卸除了人我分野的重裝備，更可以幫助你與人結好，締造良緣。

逆向思考，缺點也會變優點

在中國的深圳有一家油漆公司，每當有新進員工報到時，一律都會進行性格檢測，並按照員工的特性來安排工作。特別的是，公司安置員工並不是依據其特長，而是用他們的缺點來分配。例如：讓愛吹毛求疵的人做品質檢測；喜歡爭強好勝的人就去掌控生產線；愛出風頭的人當市場公關；老是斤斤計較的人就做庫存管理……等等。

公司負責人對此項領導方針做出了如下的回應：「一個人的缺點比優點要可怕得多，甚至可說是工作上的地雷。因此，最明智的方法就是利用『缺點』，這樣才能減少它所帶來的危害，『容人之長，用人之短』的做法，恰恰能夠保證人盡其才。」

很有趣，但也十分實際的想法。如此一來，缺點就成了優點，使這些員工更能無後顧之憂地發揮自己原有的天賦，這就是「逆向思考」觀人術的魔力。它不僅讓我們可以欣賞他人不同以往的面貌，更能消除積存許久的煩惱與不愉快。下一次，當你不得不面對令你感到不舒服的人時，不妨試看看這個方法，說不定會有驚人的成效呢！

如何讓討厭鬼不討厭？

＊試想，在那些喜歡他的人眼中，他是什麼樣子呢？請試著去找出一兩個優點。

＊如果要找到優點實在太難，那就試著把他的缺點一一條列出來，並且客觀思考這些缺點的受用之處。例如：將沉默寡言變成老實木訥；一毛不拔變成克勤克儉；頭腦簡單變成天真單純……等等。

討厭一個人並非是件令人舒服的事。想想，既然他如此令你厭惡，他的所在之處鐵定會讓你耿耿於懷，全身不自在，你應該也不希望這樣吧？況且，那人還不一定知道你如此介意他，你卻在意他到讓自己難受的地步，又是何苦呢？

思念與在乎，應該要留給我們喜歡的人。空出為了討厭鬼耗費的心神，把心騰出空間留給你愛、也愛著你的人，才是一直身處溫暖人間的處世秘訣。

How to do?
放大討厭鬼的優點，或者
將那些你在意的缺點逆向
思考。

到達地獄底層後，就是通往天堂的路

You can make it!

Let it go and relax yourself.

「山重水盡疑無路，柳暗花明又一村。」這是宋朝詩人陸游的名句，後人將其引申為當其陷入困境之時，得以絕處逢生的喜悅。即便表面上看來已無路可走，卻又突然出現了意外的驚喜，象徵著生命的無限可能。

因此，別在絕境中畫地自限，往前走，出路肯定在那裡。

失意之時莫擔心，因為機會已來臨

這天才剛踏進公司，愛麗就覺得氣氛不太對勁。前陣子公司已傳出風聲——高層要精簡人事，難不成裁員名單已經發布下來了？當主管迎面走來，安慰似地拍拍她的肩。愛麗心裡明白主管的暗示，因為自己的表現沒有特別突出，就算被裁員也不意外，但聽到事實的瞬間，她仍舊難以接受。

平常與她情同姊妹的同事貝蒂，一見到愛麗，就拉著她往外走：「妳應該還沒吃早餐吧？我請妳去公司附近吃貝果。」

「可是現在還是上班時間耶！」愛麗有些不安。

「反正都要被裁員了，還怕什麼？」貝蒂一臉豁出去似的表情。

兩人來到貝果店，點了一份貝果和一杯熱咖啡。即使貝蒂好言安慰，但愛麗卻一個字都聽不進去。她滿腦子只想著回家該如何向父母解釋，漫不經心地咬了口貝果，竟吃到一張紙條。她默默地將紙條拿了出來，打開一看，上面寫著：「這就是你的機會。」愛麗有些詫異，抬起頭就看到店裡的徵人啟事。「妳今後有什麼打算？」貝蒂問。

「我乾脆問看看他們願不願意聘我當店員。」擇日不如撞日，愛麗起身朝櫃檯走去認真詢問。半小時後，她得到了一份新工作。隔天，愛麗穿起圍裙，正式成為貝果店的一員。口感敏銳的她，後來甚至為店裡開發出新口味的貝果，還獲得客人不少的好評。

某天，愛麗一邊忙著開店前的準備工作，一邊拿了個貝果充當早餐。吃著吃著，她竟又吃到一張紙。正狐疑之際，愛麗打開紙條，上面又寫著一行字：「這就是你的幸福。」這些日子，她早已默默感受到老闆的心意，抬起頭，果然看到老闆正紅著臉邊認真擦拭桌椅，裝做一副若無其事的模樣。

半年後，愛麗果然嫁給貝果店的老闆，當上了老闆娘，更與丈夫聯手將貝果店擴大經營成連鎖事業。

我們不知道機會和幸福，會在什麼時候、以什麼樣的形式來到我們身邊。然而，只要用心尋找，你一定可以發現。即使失意，也不必擔心，因為機會無處不在。

把每一次失敗，都當成邁向人生另一個里程碑的絕佳時機，做自己命運的掌舵手，那麼，你就能夠無往不利。

危機就是轉機

你坐過遊樂園的海盜船嗎？當海盜船如同失墜般盪到谷底，就是開始往上爬升的時候。當我們身處絕境，那就是好運即將來臨的徵兆。把可怕的災難當做一次契機，就能找到生存的另一塊踏板。

如何讓自己將危機化為轉機？

＊如果你陷入困境，請不斷對自己說：「這還不算太糟嘛！還有更惡劣的狀況，幸好我沒有碰上。」

＊若是狀況實在惡劣到無以覆加，就讓自己這麼想：「反正，這已經是最慘的情況了，無論如何也不可能再比這更糟糕。」

如果你什麼都失去了，那就是你開始擁有的時候。「沒有過不去的事情，只有過不去的心情。」只要我們仍然活著，跨越難關和痛苦的那天總會來臨。丟掉那些無謂的煩惱與負面想法，往前踏出一步，就會是嶄新的開始！

How to do?
不要擔心自己身處絕境，
因爲你的好運即將到來。

You can make it!
Let it go and relax yourself.

自信是開啟成功之門的鑰匙

「深窺自己的心，而後發覺一切的奇蹟在你自己。」英國的著名政治家與哲學家培根，曾如此說道。

人們的內心，充滿著太多恐懼和牽絆，因而經常無法發揮原有的潛力。在成長過程中的遭遇與接收到的資訊，讓我們不敢相信自己其實擁有強大的生命力。生活中，到處有被困難、挫折及失敗壓垮的先例，讓我們往往感到悲觀的次數勝過樂觀思考的頻率。

你其實比想像中更勇敢

美國的麻省理工學院曾經進行過一個相當有趣的實驗。

研究員用許多鐵圈將一個成長中的小南瓜整個牢牢綁住，並觀察南瓜是否能抵抗這些鐵圈造成的壓力，繼續成長。

最初，研究員估計南瓜最多可以承受五百磅重的壓力。

一個月後，南瓜承受的壓力果然到達五百磅，但南瓜並沒有因此破裂；到了第二個月，南瓜的耐壓指數已增加到一千磅；到了第三個月，南瓜承受的壓力已上升到一千五百磅，最後，當瓜皮破裂時，南瓜已經承受了超過五千磅的重量。

研究人員剖開這顆南瓜時，竟發現它中間長滿了堅韌牢固的層層纖維，早已不能食用，而且為了吸收充足的養分，用於突破限制它生長的鐵圈，南瓜所有的根全往不同方向延伸，直到控制了整座花園的土壤與資源。生物生存的本能，促使南瓜在龐大的壓力下，把自己的內瓤佈滿纖維，讓自己的根系佈滿了整座花園。

人類是比南瓜更高等的生物，理應具備比植物更堅強的承受力。但許多人真正缺乏的，是承受壓力的勇氣，甚至在壓力還未加身前，就已棄械投降。

相信自己，你絕對擁有足以承擔生命重量的能力。當你肯下定決心，內在自然就會產生源源不絕的力量，幫助你突破困難。

天生我材必有用

如果你希望有一天別人會看得起你，首先，你要先看得起自己。

在紐約市的街角，一個衣著破爛的小販正在向路過的行人推銷布尺。有位商人經過此地，看到了這一幕，於是好心地和小販買了布尺。

正準備離開時，商人又像想起了什麼似地停了下來，轉身朝小販比了比自己手上剛買的布尺，並接著說：「你跟我一樣，都是一個商人，只是我們賣的東西不一樣。謝謝你的布尺。」

幾個月後，商人盛裝出席一場酒會。一位穿著高雅的青年走向商人，禮貌地向他鞠了一個躬後說：「令人尊敬的先生，也許您已經不認得我，但我卻永遠無法忘記您。是您讓我找回自尊與自信。我曾經覺得自己和巷弄裡的乞丐已沒有什麼不同，但您買了我的布尺，更讓我知道，我其實也是一個商人。」

每個人都有無窮的潛能，但唯有自信的人能夠不斷從自身挖掘向前邁進的動力。GOOGLE前副總裁李開復曾說：「自信的第一個秘密，就是永遠相信自己有足夠的潛能，並因此尊重和鼓勵自己。」

自信就像蠟燭的燭芯，要透過它潛在的能量才會發出光和熱。當你展現的自信越多，發出的亮度就越強；但若是過度自信，則會在極短的時間內就燃燒殆盡。自信並不意味著自己永遠都不會錯，甚至是以自我為中心、有失客觀的偏執態度，而是在跌倒之後，仍然相信自己擁有再次站起的力量。

如何拋棄令人難受的自卑感？

* 如果你不敢當眾發言，你可以嘗試從小型的團體活動開始，練習表達自己的意見。
* 你也可以在與人談話時，專注地直視對方的眼睛。這麼做除了可以免除自己的自卑，同時也會表達出你的心境落落大方，更能贏得他人對你的信任。
* 請讓自己習慣抬頭挺胸地走路，並稍微加快步伐。較快的步伐與挺直的姿勢能傳達出你個人的重要性，幫助你更快提昇自信。

生活，無論對任何人來說，都是道難解的習題。要勝過它，就必須抱持勇敢抗爭的精神和永不磨滅的自信。相信自己具備解決難題的能力，加之以決心和毅力，問題就肯定能獲得解決。只要你願意這麼想，你一定可以成為理想的自己。

永遠相信自己有足夠的潛能，並鼓勵自己。

心態幽默，笑看人生中的得與失

小李才剛過三十歲，正值男性一生中最顛峰的黃金時刻，頭頂卻開始越來越稀疏，然而樂觀的他卻一點也不在意。

同事關切的問他：「你是不是工作壓力過大？」

「家族遺傳吧！我爺爺跟爸爸在年輕時就都禿頭囉！」小李看著手裡的文件，蠻不在乎地說。

「那不就沒辦法治了？你還一臉悠哉的樣子，都不會緊張嗎？」同事對他的坦然感到訝異。

「有什麼關係？這樣下雨的時候，我就能第一個知道；洗頭的時候，洗髮精的用量也可以比一般人少三分之一呢！」說完，小李再度把那顆頂毛稀疏的頭埋回文件堆中。

用幽默的心態，看待生命中不可改變的事實，不僅能讓自己坦然面對，甚至可以把它作為茶餘飯後的談話題材，使他人也能面露微笑。

擅於使用幽默的人，會以珍惜的態度度過生活中的每一天，讓自己可以開心地生活，也把快樂與笑容帶給周遭的人們。

失去的，不一定等於失去

西元一八一四年，法國名將陶梅尼將軍在作戰時，不幸失去一條腿。當他出院返回部隊時，為他擦鞋的勤務兵見到將軍的斷腿，難過得哭了出來。「你哭什麼呢？」將軍微笑著安慰他善良的下屬：「你以後只要擦一隻皮鞋就行了！這不是很好嗎？」

從幽默的角度看待自己所失去的，從中尋找良善的意義，它就能夠成為你繼續生活的動力。「人生不如意事十之八九」，這是一句老話，卻完整的詮釋了生命的不完美。我們只要活著，就必須面對數不盡的失意與困難，但可喜的是，一定也有數不盡的快樂與美好，在等待著我們去發掘。

宋代文學名家蘇軾在烏台詩一案之後被貶為黃州團練，帶著滿身的屈辱前往蒼涼的黃州。但就是在那裡，他寫出了一篇又一篇傳頌百年的著名詩文，使我們如今還能感受到他當年一望「大江東去」的壯闊。

失去了，不一定不好，反而可能是當下最好的狀態，這就是「塞翁失馬，焉知非福」的道理。事情的好壞在於你看待它的心態。即使身處相似的困境的兩個人，若是心態不同，後續的發展也會是不同的結果。思考消極，容易使人耽溺在負面情緒中，進而使自己更加痛苦。要是一直無法擺脫困境，便會日漸消沉，委靡不振。

喜劇演員比爾・寇斯比曾說：「你能夠選擇用笑聲去淹沒所有的痛苦。只要你具有發現幽默的能力，那麼所有的困難都能安然渡過。」幽默的思考能令人保持心情開朗，甚至能夠發現解決難題的轉機，引導自己往好的方向前進，問題也就不再是問題。

不幸中仍存大幸

美國前總統富蘭克林・羅斯福，在還未當上總統之前，家裡曾遭小偷光顧。可惡的竊賊盜走了家中值錢的東西，羅斯福的一位朋友聽聞此事，立刻寫信希望能安慰他。不久後，羅斯福給朋友回了信，他在信中如此說到：

「很感謝你的來信，也請不必擔憂，因為我現在心中感到十分平靜，理由如下：

第一，竊賊只偷走了我的財產，並未讓我的生命蒙受損失。

第二，竊賊只偷走了部分的東西，而非全部。

第三，在整件事情中，最值得慶幸的是：做賊的人是他，不是我。」

幽默是種隨遇而安的智慧，不管當下處境如何糟糕，都能從中發現正面的意義，相信厄運總會過去，陽光總會再來。曾有人言：「幽默是生活波濤中的救生圈。」隨時隨地保持幽默，處變不驚，那麼即使他人無法幫助你，你也能在黑暗中找到一絲生機。

如何用幽默的心態化解患得患失？

* 遇上令人不安的問題，你可以善用幽默的思考，說不定就能找出解決方法。例如：就在剛剛你發現信用卡不小心遺失，這時，你可以這樣思考：「哎呀！這樣我今天就不會亂買東西了。」接著趕快打電話去銀行掛失止付吧！
* 平常就多多注意那些有趣的事物，也就是現在人們常說的「笑點」，並練習從這些觀點去看待事情，讓自己每天都能在笑聲中度過。

人間一切恩怨情仇，對錯得失，都不過是過眼雲煙。悲歡離合，興衰榮辱，到頭來，不過是人生的一個過程。放下榮辱，內心便收獲安詳自在。把幽默當成生活的調劑，樂觀面對一切困難，便會發現，人生處處有其深義。

How to do?
幽自己一默，放鬆心情後，再去迎戰問題吧！

言談運用小技巧，就能兩全其美

幽默大師查理．卓別林仍在世時，被紐約的一家報社在報刊上開了個小玩笑。

那天是愚人節，報紙上登出了卓別林與世長辭的消息，朋友們聽聞之後紛紛趕往吊唁。結果，出來迎接的竟然是應該已經過世的卓別林本人。大家一陣驚嚇過後，才恍然大悟原來是報社搞的鬼，一時間眾人義憤填膺，大罵報社居然開了個如此無禮的玩笑。但是卓別林自己卻一點也不生氣，他反而向前來的朋友說到：「這並沒有錯啊！我本來就是要死的，只是報社把報導的日期提前了許多年而已。」

卓別林的幽默，化解了大家的憤怒情緒，也讓那家報社免於被謾罵淹沒的危機。

幽默是一門獨特的說話藝術，它的絕妙之處除了協助自己控制情緒，還能使全場原先緊繃的氣氛瞬間和緩。古今中外不乏以幽默著稱的名人，例如清朝的名臣劉墉，就是憑著一口鐵齒銅牙，與和珅鬥智，最終扳倒了奸臣，自己也得以告老還鄉。若是能夠習得幽默的說話技巧，不僅自己煩惱全消，還能經常博得眾人的滿堂喝采！

用「異於常人」的角度切入

從前，有個叫宋祺的讀書人，為了進京趕考，每日苦讀至深夜。某天半夜，他正伏案讀書，讀著讀著竟睡著了。朦朧之中，宋祺發現自己身在一座高大的城牆外，他抬頭一看，不得了，這城牆上居然種了棵「大白菜」。他想一探究竟，卻發現自己又回到了家中，並在床上醒來。宋祺感到很奇怪，因為他應該是在桌前讀書的，怎麼會睡到床上了？百思不解之下，轉身卻看到他的「小姨子」就睡在旁邊！他被嚇得跳了起來，猛然撞上身後的櫥櫃。這一撞終於令宋祺疼得醒了過來。

原來，一切只是個夢。宋祺心想，這個夢說不定預知了考試的結果，但這到底是「吉兆」或「惡兆」呢？

困擾不已的宋祺於是前去拜訪他的岳母，希望岳母能為其指點一二。當他抵達岳母家時，卻只有小姨子在家。

小姨子見姊夫來訪，便詢問是為何事而來。老實的宋祺囁嚅著道出事情始末，才講完，小姨子就變了臉色：「你是白痴嗎？高牆怎麼能種白菜？簡直是『白種』（中）

了！而且你少臭美了，我怎麼可能睡在你身邊？想都別想！」

宋祺一聽，整張臉就垮了下來：「完蛋了，進京趕考會『白中』，榜上有名『想都別想』，這下肯定沒指望了。」他垂頭喪氣地回家，不料竟在半路上遇見了岳母。

岳母見他一副悶悶不樂的樣子，便問：「怎麼了？心裡有事？」

宋祺於是把夢的內容和小姨子的話，全數告訴了岳母。岳母聽完後的反應，卻和小姨子大相逕庭。她非常高興的對宋祺說：「哎呀，恭喜你啊！真是太棒了。高大的城牆上種了白菜，表示你會『高中』，金榜提名；你的小姨子睡在你身邊，那就是到了『該你翻身』的時候了！」

宋祺的岳母從不同的角度來解夢，不但替宋祺的科舉考試打了一劑強心針，也為他有點尷尬的夢境找了個臺階下。

這樣的說話方式其實也能用在自己身上，例如資深政要吳伯雄先生，從前曾因禿頭一事，在公開場合被某位失禮的人士問到：「吳先生，你的頭頂怎麼越來越禿啦？」

他不僅沒有生氣，反而幽默的回答：「不是我的頭越來越禿，是我的面子越來越大！」如此，既能替自己解圍，也不致於讓場面氣氛過於難堪，不失為一個化解爭執的好辦法。

我曾認識一位相當會做人的婆婆。她的兒子和媳婦結婚後就雙雙出國攻讀博士學位。前陣子她赴國外探望兒子夫婦，發現兒子長胖了，媳婦卻比結婚前還要瘦，便心疼地說：「怎麼讓自己瘦成這樣？」媳婦聽了，忍不住向婆婆抱怨起先生的不是：在家裡茶來伸手飯來張口，在外面也表現得像個路痴，連最簡單的路都會走錯……。

當然，沒有哪個婆婆能夠接受媳婦抱怨自己的兒子，但這位聰明的婆婆，聽完媳婦的牢騷後，並沒有替兒子說話，只是微笑著說道：「雖然妳說他做什麼都錯，但有一件事他肯定做對了。」

「什麼事？」媳婦疑惑道。

「就是娶了妳啊！」婆婆回答。這位媳婦自然是無話可說，不得不佩服婆婆的機智。

四兩撥千斤地運用語言，常常比忍耐與沉默更能舒緩一觸即發的緊張氣氛。雖然幽默感與天生的個性或多或少有相關，但後天的培養則更為重要，亦即它是能夠透過訓練獲得，而非是某些人專屬的「天賦」。

如何用語言技巧避免衝突？

* 有時為避免場面失控，使用模糊語言不失為一種緩兵之計，如此能為溝通的雙方互留餘地，維護和諧的溝通氣氛。例如：當遇到別人的有心攻擊時，就用「抱歉，我還有事，今天就不多談了！」三言兩語的推拖之詞帶過。
* 你可以善加運用表達語調創造溝通優勢，例如用升調，則表示鼓勵，期待對方和自己觀點一致。若是能在說話時再面帶微笑，就更好了。

隨時訓練自己的說話技巧，並學習正確運用笑話的時機，那麼不久之後，你也可以成為眾人擁戴的開心果。讓生活中你的所到之處，都能充滿愉快的氛圍。若能因此建立起和樂的人際關係，自然省去不少人事上的無端煩惱！

How to do?

用四兩撥千金的話語來熄火，避免燒傷自己或刺痛別人。

You can make it!

天才，是做自己喜歡與擅長的事，並堅持到底

Let it go and relax yourself.

許多人童年時都會被灌輸這樣的觀念：遇上自己不擅長、不熟悉、不喜歡的事情，更要努力去做，克服困難，培養自己全方位的能力，方能獲得肯定，得以於社會上生存。我也曾抱持這樣的想法，在人生之路上跌跌撞撞，直到工作多年後，才漸漸在職場中懂得這個道理——持之以恆的態度，用在自己擅長且喜歡的事情上，才能發揮百分之一百二十的成效。

某次在閒聊中，一位朋友談及了她過往的學習經歷。

孩提時代的她，十分喜歡唱歌，也曾在學校的合唱團擔任女高音，但家人卻說：「唱歌，賺不了什麼錢。」她因此放棄了唱歌的才華；她也熱愛閱讀，著迷於優美文句與故事，但家人說：「念文科，以後沒什麼出路。」她因此選讀了理科。

因為對人生的不安，她丟棄了自己過往的愛好，並勉強在「似乎很熱門，往後會很有發展」的領域裡，找出自己可能會喜歡的部分，甚至認真地說服自己喜歡上它。然而，她卻為此嘗盡了苦果，因為無論如何努力，始終只能做到表現平平，讓她一度沮喪萬分。

然而真正的問題才正要浮現。大學畢業之後，她開始盲目地求職，也數度碰壁。茫然的她發現，她根本不知道自己究竟會什麼，因為做什麼都無法專精。走投無路之下，她乾脆在自己喜愛的領域耕耘，這才終於找到了自己真正想做的工作，然而卻已浪費不少寶貴的時間。

為此，她語重心長地做出結論：「做自己擅長的事，才可能與『傑出』這類形容詞沾上一點關係。」

現代管理學之父彼得．杜拉克曾說：「要把弱點加強到一般水準，比把一流的能力加強到超越一流更耗精力。」與其耗費時間在沒有興趣的事物上，不如把精力拿來強化自己的能力與天賦。你不需要什麼都會，但你可以把優勢發揮到淋漓盡致。

多番嘗試，找出自己的專長與喜好

如果你不知道自己會什麼，喜歡什麼，那就放膽去嘗試，給自己多一點接觸不同事物的機會。在還沒有做過以前，我們不一定知道自己的潛力。

知名作家柯景騰，筆名九把刀，大學時代念的科系並非文字相關領域。在開始寫作以前，他也曾經摸索過很長一段時間，因而在偶然的機緣下發現自己熱愛文字，並且具有寫作的基因。截至今日，他已持續不輟的創作了十二年，更從寫作出發，將其創作延伸至電影等領域。

他或許是個比較幸運的案例，但其實在成名前，他早已付九十九分的努力，再加上一分的好運，才能有如今在文壇叱吒風雲的九把刀。沒有從前的落魄與沉潛時拚命累積的努力，光是依靠那一分的運氣，不可能獲得滿分的成功。如果你還在抱怨自己為什麼總是失敗，那麼請先捫心自問：你盡力了嗎？

千萬不要因為害怕失敗就拒絕嘗試。試著去做做看，並用心思考，找出那些做了會令你心情愉快，即使遇到困難也澆不熄熱情的事，下定決心之後，就全力以赴。如此一來，就算失敗，你也會感到心滿意足。

做你擅長的，而非別人喜歡的

為什麼現在已經不流行「勤能補拙」了？當現代人的平均年齡越來越高，工作年資越來越長，退休的時間點不斷往後延期，唯有做自己擅長且喜歡的事情，你才有辦法堅持到底。

我想，大多數人都會承認，平凡的人才是人類這個群體的強勢種族。在承受了無數次的失敗後，多數人都會感到氣餒與沮喪。而真正的自信，是來自於點點滴滴的小成就，也只有從事自己的專長，才能夠獲得讓自己感到滿意的成果。

投資大師華倫・巴菲特曾說：「我每天起床後，有機會做自己想做的事。如果想從我身上學到什麼，這就是我最中肯的建議。」他不同於一般股市大戶的投資風格，讓他持股的波克夏・哈薩威公司蓬勃發展、屢創佳績，巴菲特自己也名列《富比士》雜誌全球富豪排行榜。

他的個性細心、謹慎且務實，並將這樣的特性應用在自己的投資模式上。他不做大膽的投資，不碰快速變動的產業，而是精讀財務報表，只投資穩定、業務相對較為單純的企業，例如：可口可樂公司。他用自己擅長的工作方式，獲得了今日的成就。

你必須要明瞭自己的長處與短處，從中找出適合自己的工作模式，才不致落入明明做得非常努力，卻依然成效不彰的境地。把你的時間跟精力投注在你擅長並且喜歡的領域，既能做得開心，也能獲得最大的收益。

如何找到讓自己熱愛又投入的工作？

* 把從小到大所有喜歡與擅長的事物都列出來，想辦法找出其中的關連。例如：我喜歡閱讀，又擅於寫作，與這些特質相符的工作可能在出版業。
* 透過多方嘗試找出自己的優勢與劣勢，順應它們來建立一套適合自己的工作模式。例如：我做事仔細，擅長與他人溝通的特質，需要心思細膩的服務業可能比較適合我！
* 用興趣探測的方式尋找職志，如此一來，即便工作辛苦，也不會輕言喊累。

亞都麗緻飯店總裁嚴長壽曾說：「嘗試作不同的工作，以一個什麼都想學的態度去鼓勵自己，你會發現，最後你得到的跟領悟到的會比別人更多。」面對一時的工作困境，千萬別輕言放棄，從中找到自己擅長的部分，重新建立自信，讓熱忱的心，陪你一路披荊斬棘！

快樂是每個人的福利，也可以成為慣性

現實生活中總有許多人感到自己活得很辛苦，毫無樂趣。其實人生處處是樂音，只要你的心中無雜音。

春秋時代，隱士榮啟期在泰山，優哉游哉，鼓琴而歌。孔子恰巧路過，便問他：「你為何如此快樂？」榮啟期不急不徐地回答：「天生萬物，惟人為貴，我得為人，何不樂也？」

認真去想，生而為人的確就是一種幸運，所以只要用心生活，身邊就充滿令人動容的美景；以飽滿的熱情去面對生活，就能快樂度過每一天。

習慣好心情，人間處處是溫情

某次，傑瑞搭乘火車的臥鋪出差。一早，他從睡夢中醒來，便注意到有幾個男士正擠在小小的洗手間內一同刮鬍子。由於顛簸了一夜，勞累也讓人們臉上毫無表情，更不會有人樂於交談。

不久，來了位滿面春風的男士，不僅一邊哼著歌，還興高采烈的向在場的其他乘客問好。

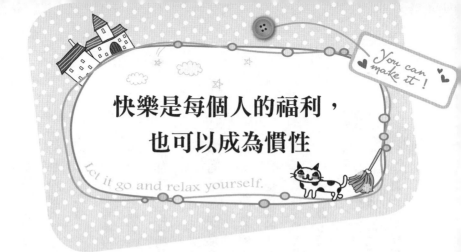

傑瑞對這位男士的舉動感到十分反感，於是語帶諷刺地對這位男士說：「欸！看你似乎挺得意的嘛！什麼事情值得你笑成這樣？」明明聽出傑瑞的冷嘲熱諷，那位男士依舊微笑著回答：「不用因為什麼特別的事情，我只是習慣快樂而已。」

事物本身並沒有好壞的區別，決定好壞的只是人們長期以來的慣性思考。現年九十二歲的作家羅蘭曾說：「我覺得，快樂應該是一種天性。」其實我們天生就具備感知快樂的能力，但保持快樂的情緒則需要不斷練習。

如何培養快樂思考的習慣？

* 快樂成習的人，並非靠某件事情、某個人來讓自己快樂，他並不需要從外界去擷取讓他快樂的成分，而是他可以把內在的快樂反映到外在。
* 常保快樂並非否定其它的情緒，相反地，你應該歡迎這些情緒進來，讓它們很自然地從你身上流洩出來。當你坦然地去體會，這些情緒就會轉變成愛，而愛就是快樂的泉源。
* 最後，我們必須改變思考的習慣。要為自己的快樂負起所有的責任，為你的生命負起責任。你就會積極儲蓄快樂的能量，並樂於分享。

每天早上起床前，你可以先躺在床上回顧那些快樂的想法，並想像今天將會發生哪些使你興奮的事情。先為自己的心充電，不論今天會發生什麼事情，這些想法都會對自己產生積極正面的影響，令你有勇氣面對任何事情。

下定決心去擁抱快樂！

某天，我有位朋友正要外出洽公，於是就順手在路邊招了輛計程車。一上車，司機就帶著燦爛的笑容詢問：「小姐妳好啊！請問準備去哪裡呢？」

朋友為此感到十分訝異，告知目的地後，便說：「運將，最近景氣不太好啊！您還能如此開心，真是難得。」

司機微笑著說：「不管晴天、雨天，我每天心情都很好啊！」

「為什麼呢？我聽說因為景氣差，計程車經常載不到客人，不但工作時間拉長，收入也不見起色啊！」朋友不禁感到十分困惑。

「沒錯呀！我也有家庭要顧，自然開車時間也跟著延長，但想要開心過生活還是有訣竅的。」司機頓了一下，又說：「即使工作辛苦，也要從中找到樂趣，這是我的習慣。我開計程車，就當作是客人付錢請我到處去玩。妳看，今天一大早，我就遇見妳，花錢讓我去松山機場玩。到了那裡，妳去做妳的事，我也可以看看飛機起降，順便抽根菸再走。」他接著說：「幾天前我載了一家人到基隆夜市，等他們下了車，我也跑去吃了碗泡泡冰才離開。既然都來了，還有人幫著出了交通費，不放鬆一下就真的太可惜啦！」朋友聽了，也不禁笑出聲來。

如果我們能堅持在任何情況下，都要保有一顆快樂的心，那麼不只自己可以有好心情，連帶也能夠影響周遭的人。縱使外在環境如何改變，當我們不斷為自己補充強大的心靈能量，就能大大提升對高壓的抵抗力及對挑戰的應變能力。從每日一成不變的工作中找樂趣，心煩意亂時，隨時記得幫心充電，給自己加油打氣，就一定能夠平安度過！

提高快樂雷達的敏銳度，並練習說：「我就是習慣快樂！」

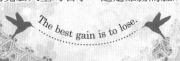

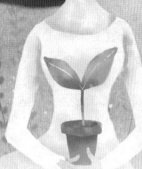

國家圖書館出版品預行編目資料

放下，其實沒什麼大不了! / 呂佳綺 著. -- 初版.
-- 新北市 : 啟思出版, 2013.03　面；　公分
ISBN 978-986-271-319-8（平裝）

1.修身　　2.生活指導

192.1　　102000741

放下，其實沒什麼大不了！

雜念退散的煩惱清理術

Let it go, and relax!

啟思
Cheese Group

放下，其實沒什麼大不了！

出 版 者 ◤啟思出版
作　　者 ◤呂佳綺
品質總監 ◤王寶玲
總 編 輯 ◤歐綾纖
文字編輯 ◤孫琬鈞
美術設計 ◤蔡億盈
內文排版 ◤新鑫電腦排版工作室

本書採減碳印製流程並使用優質中性紙（Acid & Alkali Free）最符環保需求。

郵撥帳號 ◤50017206 采舍國際有限公司（郵撥購買，請另付一成郵資）
台灣出版中心 ◤新北市中和區中山路 2 段 366 巷 10 號 10 樓
電　　話 ◤（02）2248-7896　　傳　　真 ◤（02）2248-7758
I S B N ◤978-986-271-319-8
出版日期 ◤2016 年 1 月十版十八刷

全球華文市場總代理 ◤采舍國際
地　　址 ◤新北市中和區中山路 2 段 366 巷 10號 3 樓
電　　話 ◤（02）8245-8786　　傳　　真 ◤（02）8245-8718

全系列書系特約展示
新絲路網路書店
地　　址 ◤新北市中和區中山路2段366巷10號10樓
電　　話 ◤（02）8245-9896
網　　址 ◤www.silkbook.com

線上 pbook&ebook 總代理 ◤全球華文聯合出版平台
地　　址 ◤新北市中和區中山路 2 段 366 巷 10 號 10 樓
主題討論區 ◤www.silkbook.com/bookclub　● 新絲路讀書會
紙本書平台 ◤www.book4u.com.tw　● 華文網網路書店
電子書下載 ◤www.book4u.com.tw　● 電子書中心（Acrobat Reader）